Franz Siegfried Wagner

Räuchern, Pökeln, Wursten

Schwein, Rind, Wild, Geflügel

Leopold Stocker Verlag
Graz – Stuttgart

Umschlaggestaltung, Layout und Repro:
DSR Werbeagentur Rypka GmbH, 8143 Dobl/Graz, www.rypka.at
Titelbild: © Bilderwerk, Wien

Bildnachweis:
Die Bilder wurden, so nicht anders angegeben, dem Verlag freundlicherweise vom Autor zur Verfügung gestellt.

Bibliografische Information der Deutschen Nationalbibliothek:
Die Deutsche Nationalbibliothek verzeichnet diese Publikation in der Deutschen Nationalbibliografie; detaillierte bibliografische Daten sind im Internet unter http://dnb.d-nb.de abrufbar.

Hinweis: Dieses Buch wurde auf chlorfrei gebleichtem Papier gedruckt. Die zum Schutz vor Verschmutzung verwendete Einschweißfolie ist aus Polyethylen chlor- und schwefelfrei hergestellt. Diese umweltfreundliche Folie verhält sich grundwasserneutral, ist voll recyclingfähig und verbrennt in Müllverbrennungsanlagen völlig ungiftig.

Auf Wunsch senden wir Ihnen gerne kostenlos unser Verlagsverzeichnis zu:
Leopold Stocker Verlag GmbH
Hofgasse 5/Postfach 438
A-8011 Graz
Tel.: +43 (0)316/82 16 36
Fax: +43 (0)316/83 56 12
E-Mail: stocker-verlag@stocker-verlag.com
www.stocker-verlag.com

ISBN 978-3-7020-1197-0

INHALT

Foto: © LK Steiermark / Franz Suppan

EINE KLEINE GESCHICHTE DES RÄUCHERNS

Mit der Beherrschung des Feuers wurde es dem Menschen möglich, den dabei entstehenden Rauch auch für die Haltbarmachung und geschmackliche Verbesserung seiner Lebensmittel zu nutzen. Das frische Fleisch erlegter Tiere wurde getrocknet, über offenem Feuer geräuchert und so haltbar gemacht.

In Mitteleuropa sind die ersten „gewerblichen" Selcher aus der Zeit Karls des Großen (747–814) überliefert. Da es noch keine Kühlgeräte gab, waren das Pökeln und Räuchern die einzigen Möglichkeiten, Fleisch über längere Zeit haltbar zu machen. Gerade in Notzeiten waren Fleischreserven wichtig.

Während des Dreißigjährigen Krieges (1618–1648) hängten die Bauern ihr Fleisch in den Kamin, auch um es vor umherziehenden Plünderern zu verstecken. Die Räucherung im Kamin hat sich in unseren Breiten in der ländlichen Kultur bis heute erhalten. Im alpinen Bereich findet man noch richtige „Rauchkucheln", in denen Fleisch, frei von der Decke hängend wie im Mittelalter, über Wochen schonend geräuchert wird. Auch wenn heute moderne Computer die Technologie des Räucherns perfekt zu steuern vermögen, an der traditionellen Raucherzeugung durch das Verbrennen verschiedenster Hölzer hat sich bis heute nichts geändert.

Räuchern macht das Fleisch haltbar und verändert dessen Aussehen und Geschmack.

Warum wird geräuchert?

Rauch entsteht bei der unvollständigen Verbrennung von organischen Materialien. Das Räuchern, auch Selchen genannt, verleiht dem Fleisch nicht nur eine längere Haltbarkeit, sondern verändert auch die sensorischen Qualitäten (Farbe, Geruch, Geschmack). Aus der Not heraus, Fleisch haltbar machen zu müssen, hat sich über die Jahrhunderte hinweg eine neue Technologie für die Konservierung von Lebensmitteln entwickelt, das Räuchern. Heute wird Fleisch nicht mehr nur aus diesem Grund geräuchert, sondern geräuchertes Fleisch ist eine begehrte Spezialität.

Schon 1741 wird in Zedlers „Großem Reallexikon aller Wissenschaften und Stände" eine heute noch gültige Pökel- und Selchtechnologie beschrieben:

Rauch macht das Fleisch haltbar und verleiht ihm Geschmack.

„Räuchern, Selchen, heisset das grüne Fleisch, oder Fische durch untergemachten Rauch trocknen, damit es sich länger halte, und zum verspeisen tauglich bleibe. Alles Mittelfleisch, so nemlich weder allzu jung, noch allzu alt ist, tauget besser, und ist vorträglicher zum Räuchern als das alte Fleisch, weil dieses, da es an sich selbst schon zähe ist, in der Dürre oder vom Rauche noch zäher wird. Das Fleisch, welches man räuchern will, pflegt man nur in Wannen und Mulden zu saltzen, und darinnen liegen zu lassen, bis das Saltz zerschlichen ist: nach diesem wird das Fleisch noch etliche Tage mit Saltzwasser begossen, und wenn sich dieses wohl hinein gezogen, hernach in die Feuermauer, Camin, oder Rauchkammer aufgehängt. Die es noch besser machen wollen, zerstossen Coriandersaamen, und Wacholderbeere gröblich unter einander, wenn sie nun das Fleisch einsaltzen, so streuen sie eine Lage oder Schicht von gedachten zerquetschten Sachen darauf: legen wieder Fleisch und Saltz, und von erst erwehntem Coriander, und Wacholderpulver wieder eine Handvoll darauf. In dieser Beitze wird das Fleisch eine Zeitlang liegen gelassen, und endlich in den Rauch gehängt."

Die Entstehung der überaus vielfältigen Fleisch- und Wurstspezialitäten in Europa verdanken wir vor allem der Wertschätzung der Handwerkskunst der Fleischer, die der Kunst der Herstellung feiner Fleisch- und Wurstwaren zur heutigen Blüte verholfen haben.

Eine heute noch gültige Pökel- und Selchtechnologie wurde bereits im Mittelalter beschrieben.

FLEISCH UND FLEISCH-PRODUKTE SIND GESUNDE LEBENSMITTEL

In unserer Gesellschaft ist die gesunde Ernährung ein wesentlicher Bestandteil unseres Lebens und unseres Wohlbefindens. Neben Schmackhaftigkeit, appetitlichem Aussehen und Frische der Produkte spielt vor allem die Deckung unseres täglichen Bedarfs an lebenswichtigen Nährstoffen eine wichtige Rolle. Manche Diäten und Ernährungsphilosophien machen Fleisch und Fleischprodukte für alle Ernährungssünden unserer Wohlstandsgesellschaft verantwortlich. Die moderne Ernährungswissenschaft weiß aber, dass Fleisch und Fleischprodukte, wie kaum ein anderes Lebensmittel, eine Vielfalt wichtiger Vitalstoffe enthalten und nicht für das Entstehen von Zivilisationskrankheiten verantwortlich sind. Diese entstehen in erster Linie durch eine zu einseitige und fettreiche Ernährung, durch Übergewicht, Bewegungsmangel und Stress.

Fleisch enthält eine Vielfalt an Vitalstoffen. Foto: © LK Steiermark, Graz

Inhaltsstoffe des Fleisches

Für eine ausgewogene Ernährung sind Fleisch und Fleischprodukte wichtig, da Fleisch einen besonders hohen Anteil an essentiellen (lebenswichtigen) Aminosäuren enthält, die unverzichtbare Bausteine für den Muskelaufbau des Körpers sind. Die biologische Wertigkeit von Fleischeiweiß übertrifft alle pflanzlichen Eiweißspender, und Fleisch hat auch eine sehr hohe biologische Verfügbarkeit von möglichen Mangelelementen, wie Eisen, Kalzium, Zink, Selen und B-Vitamine. Im Gegensatz zu anderen Nahrungsmitteln können Mineral- und Spurenelemente aus dem Fleisch vom Organismus sehr gut aufgenommen werden. Tierische Lebensmittel sind wichtige Lieferanten von lebensnotwendigen Vitaminen, Spuren- und Mengenelementen (Tabelle 1).

Tabelle 1: Prozentueller Anteil der Aufnahme an Kalzium, Vitamin B12 und Jod über tierische Lebensmittel am Tag bei Mischkost

Aufnahme über tierische Lebensmittel in %	
Kalzium	66
Vitamin B12	94
Jod	45

Nachgewiesen ist auch, dass das im Fleisch enthaltene Eisen vom Körper gut aufgenommen wird (Bioverfügbarkeit) und daher durch Fleischkonsum der besonders bei Frauen oft vorkommende Eisenmangel reduziert werden kann. Eisen wird im Stoffwechsel als Baustein für die Bildung des roten Blutfarbstoffs Hämoglobin gebraucht.

Der übermäßige Konsum tierischer Fette wird in der modernen Ernährungsmedizin oft mit dem Entstehen von Herz-Kreislauf-Erkrankungen in direkten Zusammenhang gebracht. Vor allem der hohe Gehalt an gesättigten Fettsäuren in der Ernährung wirkt sich negativ auf die Zusammensetzung der Blutfette aus. Tatsache ist, dass z. B. Schweinefett, je nach Fütterung der Tiere, bis zu ca. 60 % aus ungesättigten Fettsäuren und davon bis zu 25 % aus Linolsäure besteht. Kokos- oder Palmfette sowie künstlich gehärtete pflanzliche Frittierfette haben in jedem Fall einen viel höheren Anteil an gesättigten Fettsäuren und belasten den Fettstoffwechsel überdies mit so genannten nichtphysiologischen trans-Fettsäuren, die bei der chemischen Härtung entstehen können. Schweinefett ist darüber hinaus ein äußerst hitzebeständiges Fett und in geschmacklicher Hinsicht auch sehr gut als Frittierfett geeignet.

Spezialitäten aus Fleisch sind immer begehrt.
Foto: © LK Steiermark, Graz

Die Österreichische Gesellschaft für Ernährung empfiehlt pro Woche zwei bis drei Portionen Fleisch mit 150 g und zwei- bis dreimal Wurst (je ca. 50 g). Wer gerne öfter Fleisch essen möchte, aber trotzdem auf eine gesunde Ernährung Wert legt, der sollte einfach die Mengen reduzieren und manchmal die Beilage zur Hauptspeise machen.

HINWEIS

Die Österreichische Gesellschaft für Ernährung empfiehlt pro Woche zwei bis drei Portionen Fleisch.

NITRITPÖKELSALZ UND GESUNDHEIT

Nitritpökelsalz ist ein unverzichtbarer Hilfsstoff bei der Herstellung von Fleisch- und Wurstwaren. Bei über 90 % aller Fleisch- und Wurstwaren werden Nitritpökelsalze verwendet. Immer wieder wird auf die vermeintlich gesundheitsschädliche Wirkung von Nitritpökelsalz bzw. Salpeter in der Ernährung hingewiesen und nach Produkten gefragt, die ohne diese technologisch wie hygienisch wichtigen Hilfsstoffe hergestellt wurden. Nitrite und Nitrate bewirken den Umrötungsprozess des Fleisches und dienen als Konservierungsmittel. Sie hemmen bzw. stoppen das Wachstum unerwünschter Mikroorganismen, wie z. B. *Clostridium botulinum* (verantwortlich für Botulismus) und *Staphylococcus aureus*. Die Kontaminierung von Fleischerzeugnissen mit diesen Bakterien kann in jedem Stadium erfolgen, insbesondere beim Produktionsvorgang und bei nicht sachgemäßer Lagerung. Die Nitrit- und Nitratmengen sind also so zu berechnen, dass die Zusatzstoffe ihre Funktion als Konservierungsmittel auch beim Verzehr noch erfüllen.

Foto: © Wagner

Pökelsalz ist ein wichtiger Konservierungsstoff.

Nitrat und Nitrit

Die geringe akute Toxizität des Nitrats – beim Erwachsenen führt erst eine Aufnahme von mehr als 2 g Nitrat zu Krankheitserscheinungen – hat zunächst zu einer Unterschätzung des Nitrats in seiner gesundheitlichen Bedeutung geführt. Da etwa 3–7 % des aufgenommenen Nitrats zu Nitrit reduziert werden können, bedeutet dies, dass mit einer Erhöhung der Nitrataufnahme auch die aus dem Nitrat gebildete Nitritmenge zunimmt. Für Säuglinge kann dieses im Organismus aus hohen aufgenommenen Nitratmengen (Trinkwasser mit Gehalten von mehr als 50 mg Nitrat pro Liter) gebildete Nitrit eine unmittelbare Gefährdung durch die Blockierung des Hämoglobins bedeuten; es kommt mit zunehmender Höhe des Nitratgehaltes zur Ausbildung einer

Methämoglobinämie. Es ist auch erwiesen, dass im menschlichen Organismus Nitrit zur Bildung von Nitrosaminen führen kann, vor allem bei Personen, die an einer schlechten Säuerung des Magens leiden – Nitrosamine haben sich im Tierversuch als Stoffe mit kanzerogenen Eigenschaften erwiesen.

Gesundheitliches Risiko?

Ein gesundheitliches Risiko entsteht aber in erster Linie bei einer zu hohen Nitratdosis; die Nitrataufnahme ist daher insgesamt zu minimieren. Der Konsum von Fleischwaren, die mit Nitrat oder Nitrit gepökelt wurden, spielt in diesem Zusammenhang eine eher untergeordnete Rolle in der Nitrat-/Nitrit-Tagesbilanz, wie ein Vergleich verschiedener Lebensmittelgruppen zeigt. Das gesundheitliche Risiko, das durch die Verwendung von Nitritpökelsalz oder Salpeter entsteht, wird stark überbewertet. Wesentlich gefährlicher wäre es, auf diese wichtigen Pökelstoffe zu verzichten, da damit die notwendige Hygiene bei der Produktion von Fleischwaren nicht gewährleistet wäre.

Der Anteil des aufgenommenen Nitrats aus Fleisch und Fleischwaren beträgt bei einem durchschnittlichen Trinkwasserkonsum von 1,8 Litern maximal 8 %, wenn das Trinkwasser kein Nitrat enthält (< 1 mg Nitrat/Liter). Enthält das Trinkwasser höhere Nitratkonzentrationen (bis 50 mg Nitrat/Liter), verringert sich der Anteil der Nitrataufnahme aus Fleisch- und Fleischwaren auf etwa 3 %.

Laut WHO (Weltgesundheitsorganisation) beträgt die tolerable tägliche Aufnahme von Nitrat 3,65 mg Nitrat/kg Körpergewicht; das sind bei einer 60 kg schweren Person 1.532 mg Nitrat pro Woche. In Österreich ist es verboten, Trinkwasser mit einem Nitratwert von über 50 mg Nitrat pro Liter Wasser in Verkehr zu bringen (Trinkwassernitratverordnung).

Tabelle 2: Prozentueller Anteil verschiedener Lebensmittelgruppen an der täglichen Gesamtaufnahme von Nitrat bei nitratreichem bzw. nitratarmem Wasser

Lebensmittelgruppen	Gesamtaufnahme von Nitrat in %	
	Trinkwasser mit einem Nitratgehalt von 50 mg/l	Trinkwasser mit einem Nitratgehalt von <1 mg/l
tägliche Gesamtaufnahme	165 mg	72 mg
wöchentliche Gesamtaufnahme	1.155 mg	504 mg
Trinkwasser	65 %	–
Gemüse	39 %	88 %
Fleisch und Fleischware	3,4 %	8,0 %
Getreideprodukte	1,0 %	2,0 %
Obst	0,5 %	1,5 %
Milch und Milchprodukte	0,1 %	0,5 %

Foto: © LK Steiermark, Graz

DIE QUALITÄT DES ROHPRODUKTES

Wer qualitativ hochwertige Fleischwaren herstellen möchte, muss in erster Linie auf die Qualität der verwendeten Rohprodukte achten. Auch die besten Rezepte und Verarbeitungsmethoden können aus einer schlechten Rohproduktqualität keine hochwertigen Spezialitäten zaubern. Wichtige Kriterien sind das Tier, seine Fütterung und Haltung, die Schlachtung, die Hygiene und die Fleischreifung.

QUALITÄTSKRITERIUM TIER

Haustiere wurden über Jahrtausende hinweg für die Versorgung des Menschen mit tierischen Lebensmitteln gezüchtet. Das wirtschaftliche Bestreben, Tiere mit immer leistungsfähigerem Ertrag zu züchten, brachte viele Rassen und Zuchtlinien hervor. Im Bereich der Fleischproduktion sind vor allem die gezielte Fleischverteilung im Schlachtkörper, die schnelle Zunahme an Muskelfleisch und die Verringerung des Fettanteils in gewünschten Teilstücken wichtig. Zu Zeiten unserer Großeltern war ein Stück Fleisch ohne ausgeprägten Fettrand undenkbar, heute ist dieser eher unerwünscht.

Die vom Konsumenten gewünschte Fleischqualität weist den Züchtern den Weg. Die Tiere werden deshalb auch viel früher, das heißt bei niedrigerem Gewicht, geschlachtet. Moderne Schweinerassen haben im Vergleich zu den „alten" Landrassen kaum noch Fettauflagen.

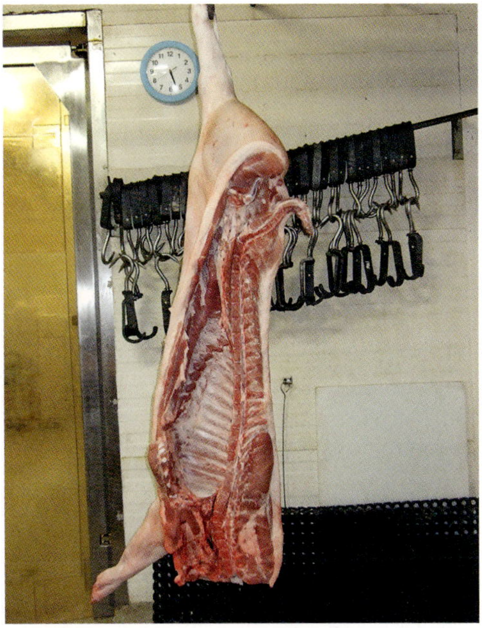

Schweinehälfte vor der Zerlegung
Foto: © Wagner

Fett als Geschmacksträger

Die Züchtung von extrem mageren Schweinen bringt auch eine Abnahme des intramuskulären Fetts, in der Fachsprache die Marmorierung, mit sich. Ein bestimmter Anteil von Fett im Fleisch ist aber für den Genusswert (Geschmack und Zartheit) unerlässlich, denn Fett übt die Rolle eines „Geschmacksträgers" aus. Viele Aromastoffe können sich nur in Fett lösen. Das Geschmacksoptimum für Fleisch liegt bei ca. 2–2,5 % Fett in der Muskelmasse. Die Züchtung von extrem fettarmen Schweinen wirkt sich nicht nur nachteilig auf den Genusswert aus, sondern bedingt auch eine höhere Stressanfälligkeit der Tiere. Für die Verarbeitung von Fleisch zu Dauerwaren eignen sich daher eher Tiere, die noch durch Kreuzung einen direkten genetischen Bezug zu den Landrassen haben. Das Schlachtgewicht von Schweinen für die Fleischverarbeitung (vor allem Dauerwaren) sollte nicht unter 120 kg liegen. Was in der modernen gesundheitsbewussten Küche durchaus erwünscht ist, widerspricht in vielen Punkten den Qualitätskriterien von Fleisch und Fett für die Herstellung von Fleischwaren.

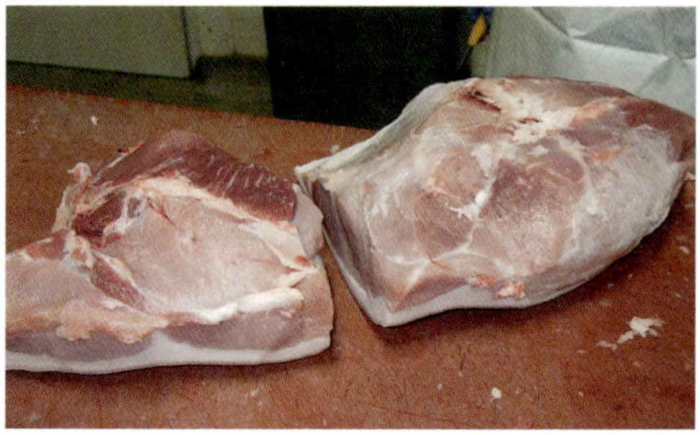

Portioniertes Frischfleisch für die Pökelung

Foto: © Wagner

QUALITÄTSKRITERIEN FÜTTERUNG UND HALTUNG

Besonders wichtig für die Fleisch- und Fettqualität sind die Fütterung und Haltung der Tiere. Die Art der Fütterung beeinflusst wesentlich den Aufbau der Muskelstruktur und vor allem die Qualität der Fette. Die Fütterung der Tiere mit maisbetonten Futtermischungen durch Futterautomaten ist heute Standard.

Der Aufbau der Fette wird im Wesentlichen durch die Wahl der Getreidesorten bestimmt: Eine maisbetonte Fütterung ergibt bei Schweinen ein Fettsäuremuster mit einem hohen Linolsäuregehalt bis zu 25 %, während die Fütterung mit Gerste oder Roggen einen Linolsäuregehalt von unter 10 % bewirkt (Abbildung 1). Linolsäure ist eine mehrfach ungesättigte essentielle (lebensnotwendige) Fettsäure, die der Mensch mit der Nahrung zu sich nimmt.

Mehrfach ungesättigte Fettsäuren sind besonders anfällig für Oxidation, deshalb werden Fleischwaren und Speck schnell ranzig. Was ernährungsphysiologisch im Bereich des Frischfleisches eine wichtige Rolle spielt, nämlich der Gehalt an Linolsäure, ist bei Dauerwaren, eben wegen der Gefahr des Ranzigwerdens, wenig erwünscht.

Außerdem haben mehrfach ungesättigte Fettsäuren einen niedrigeren Schmelzpunkt als gesättigte, was sich auf die Konsistenz der verarbeiteten Produkte auswirkt. So zeigt Speck, der von Schweinen gewonnen wurde, die weniger mit Mais, dafür aber mehr mit Getreidemischungen gemästet wurden, die gewünschte typische Kernigkeit, während der Speck, der von Schweinen mit ausschließlicher Maismast stammt, eher weich bleibt.

Form der Tierhaltung

Neben der Fütterung spielt auch die Form der Tierhaltung für die Ausbildung der Muskelstruktur eine wichtige Rolle. Tiere, die genug Auslauf haben und teilweise im Freien gehalten werden, sind in der Regel gesünder und widerstandsfähiger. In solcher Hinsicht „trainierte" Tiere bilden eine konsistentere Muskelstruktur aus, was an einer intensiveren Fleischfarbe erkennbar ist.

Abbildung 1: Einfluss der Fütterung auf das Fettsäuremuster beim Schwein

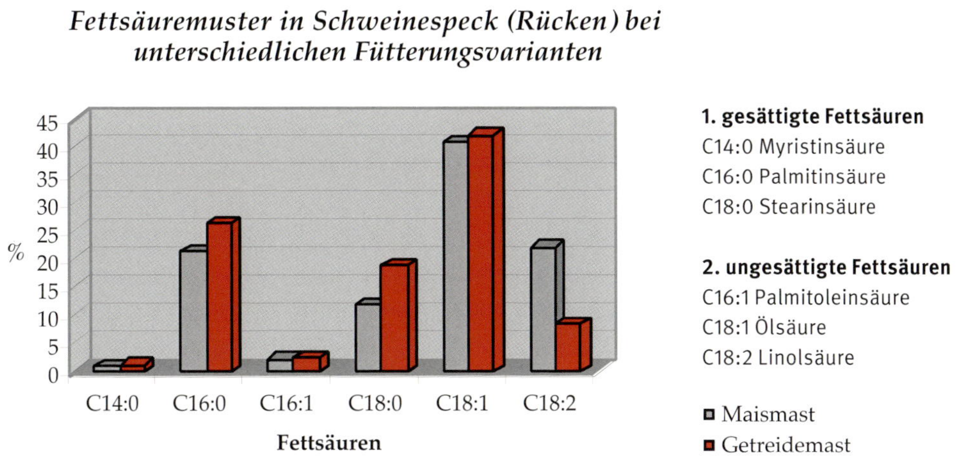

Quelle: Institut Dr. WAGNER, Lebring

QUALITÄTSKRITERIUM SCHLACHTUNG

Nur gut ausgeruhte Tiere, die ohne Stressentwicklung geschlachtet werden, liefern für die Fleischverarbeitung eine brauchbare Fleischqualität. Hier treffen sich die Interessen des Tierschutzes mit den Qualitätsvorgaben der Fleischverarbeitung. Mit dem Tod des Tieres endet der Blutkreislauf, und damit enden auch die Sauerstoff- und Nährstoffzufuhr. Die Muskelzellen gehen vom so genannten aeroben (mit Sauerstoff) in den anaeroben (ohne Sauerstoff) Stoffwechsel über. Die schnell verfügbare Energie des Muskels wird im lebenden Tier in Form von Glykogen (Zuckermoleküle) gespeichert.

Fermentation bei der Fleischreifung

Bei der Fleischreifung erfolgt nach der Schlachtung eine Fermentation des Glykogens zu Milchsäure, wodurch der Säurewert (pH-Wert) gesenkt wird (Tabelle 3). Die pH-Wert-Senkung ist ein wesentlicher Faktor für die Fleischqualität (auch in punkto Hygiene). Die pH-Wert-Senkung auf ca. 5,5 wird beim Schweinefleisch in Abhängigkeit der äußeren Bedingungen und der Rasse nach ca. 5–9 Stunden erreicht. Beim Rindfleisch dauert dieser Vorgang ca. 30 Stunden. Beim so genannten PSE-Fleisch (aus dem Englischen pale: bleich, soft: weich, exudative: wässrig) erfolgt ein zu schneller Glykogenabbau, der meistens nach ca. einer Stunde beendet ist (Tabelle 3). Diese zu rasche pH-Wert-Senkung im Muskelgewebe führt zu ungenügender Fleischreifung und zu höherem Saftverlust. Gefördert wird ein zu schneller Glykogenabbau durch Stresshormone (wie z. B. Adrenalin), die zu Beginn jeder Stressreaktion freigesetzt werden. Im Unterschied zum PSE-Fleisch sind beim so genannten DFD-Fleisch (aus dem Englischen dry: trocken, firm: fest, dark: dunkel) die Glykogenreserven der Muskeln durch übermäßige Anstrengung des Tieres vor der Schlachtung, wie z. B. langer Transport und körperliche Belastungen, schon verbraucht. Somit stehen sie für die Fleischreifung nicht mehr zur Verfügung. Der pH-Wert sinkt aufgrund der geringen Milchsäureproduktion nur sehr langsam auf den Endwert, der in der Regel bei 6,2 oder darüber zum Stillstand kommt (Tabelle 3). Rinder neigen eher zur Bildung von DFD-Fleisch als Schweine. DFD-Fleisch zeigt ein verzögertes Reifeverhalten und stellt durch den höheren pH-Wert auch ein nicht zu unterschätzendes hygienisches Risiko dar. Um die Ausschüttung von Stresshormonen möglichst niedrig zu halten, haben moderne Schlachthöfe so genannte „Ruhebuchten" eingerichtet, in denen sich die Tiere vor der Schlachtung ausruhen können.

Der pH-Wert wird im Qualitätsschlachthof mit einem pH-Meter mittels Einstichelektrode gemessen. Die Messung mit Teststreifen zu Hause ist auch möglich, aber aufgrund von zusätzlichen Fleischfärbungen ungenau.

Tabelle 3: pH-Wert von Fleisch

pH-Werte von Fleisch für verschiedene Anwendungen	
Muskel lebend	7,0–7,2
Fleisch normal, 24 h nach der Schlachtung	5,3–5,8
PSE-Fleisch 1 h nach der Schlachtung	‹ 5,8
DFD-Fleisch 1 h nach der Schlachtung	› 6,2

Tabelle 4: Erforderliche pH-Werte im Fleisch abhängig von der Verwendung

pH-Werte von Fleisch für verschiedene Anwendungen	
Fleisch für die Herstellung von Rohwurst	5,3–5,9
Fleisch für die Herstellung von Brühwurst	5,4–6,2
Fleisch für die Herstellung von Rohwurst ungeeignet	› 6,0
Fleisch für die Herstellung von Rohschinken ungeeignet	› 6,0
Fleischverderb nach Lagerung	› 6,5

Quelle: K. O. HONIKEL, Bundesanstalt für Fleischforschung, Kulmbach

QUALITÄTSKRITERIUM HYGIENE

Jede Schlachtung und jede Verarbeitung von rohem Fleisch birgt ein nicht zu unterschätzendes hygienisches Risiko in sich, daher sind Grundkenntnisse in der Mikrobiologie sowie Hygieneschulungen unerlässlich. Oberstes Gebot bei der Erzeugung von Lebensmitteln ist, dass die Hygienevorschriften in allen Bereichen (Personal-,

Betriebs- und Produktbereich) peinlich genau eingehalten werden (das gilt auch für die Verarbeitung im häuslichen Bereich), um gesundheitliche Schäden zu vermeiden. Die mikrobiologisch hygienische Qualität von Frischfleisch ist eine der Grundvoraussetzungen für die Herstellung von Fleischwaren, insbesondere für die Produktion von Rohprodukten, wie Hauswürste oder Rohschinken. Rohprodukte mit zu hohen Keimzahlen können in der Verarbeitung zu Fehlfermentationen und zur Vermehrung von gesundheitsschädlichen Mikroorganismen führen. Es ist daher bei allen kritischen Punkten der Verarbeitung – von der Schlachtung bis zur Lagerung des fertigen Produkts – auf diesen Umstand besonders Bedacht zu nehmen.

QUALITÄTSKRITERIUM FLEISCHREIFUNG

Kurze Zeit nach der Schlachtung tritt durch die Vernetzung der Muskelfibrillen Actin und Myosin die Totenstarre ein. Das Fleisch ist zu diesem Zeitpunkt nicht zum Verzehr geeignet – es muss reifen. Eiweißspaltende Enzyme brechen in dieser Zeit die geordnete Struktur der Muskelfibrillen wieder auf. Reifungsvorgänge werden besonders von der Reifungstemperatur gesteuert. Kerntemperaturen von + 7 °C für die Lagerung des Fleisches sollten beim Schweinefleisch nach ca. 24 Stunden und beim Rindfleisch nach ca. 36 Stunden erreicht sein. Die Reifung dauert beim Schwein ca. 3 Tage, beim Rind mindestens 14 Tage. Durch die Reifeenzyme im Fleisch wird es wieder zart, und durch den Abbau von Eiweißmolekülen entsteht das gewünschte Fleischaroma.

Eine Frage der Qualität

Darauf sollte man bei der Auswahl des Rohprodukts achten!

- Fleisch bester Qualität weist eine kräftige Fleischfarbe auf. Ungewöhnlich dunkles oder helles Fleisch kann auf Qualitätsabweichungen oder auf ein höheres Alter der Tiere hinweisen.
- Fleisch bester Qualität hat eine feine Fettmaserung (Marmorierung). Je feiner diese Marmorierung im Muskel vorkommt, umso zarter ist das Fleisch. Die Marmorierung schützt auch vor Austrocknung und gibt dem Fleisch erst den vollen Geschmack, da das Fett als Geschmacksträger eine wichtige Rolle spielt.
- Fleisch bester Qualität hat ein gutes Safthaltevermögen. Ist bereits ungewöhnlich viel Saft ausgetreten, deutet dies ebenso auf mangelnde Qualität hin wie auch trockene Ränder. Eine eventuell vorhandene weiße Fettabdeckung sollte nicht entfernt werden, sie schützt das Fleisch vor dem Austrocknen, so dass es saftig und aromatisch bleibt.
- Fleisch bester Qualität hat einen reinen, unaufdringlichen Fleischgeruch. Auf keinen Fall darf das Fleisch einen säuerlichen oder stickigen Geruch aufweisen.

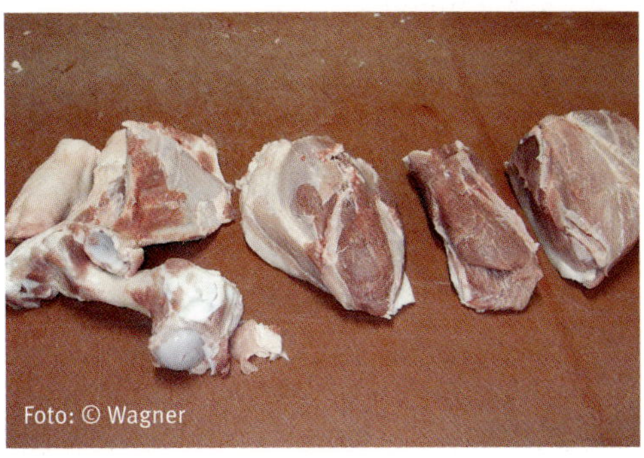
Foto: © Wagner

Schulterstücke vom Schwein, ausgelöst

EINTEILUNG DER FLEISCHKLASSEN

RINDFLEISCH

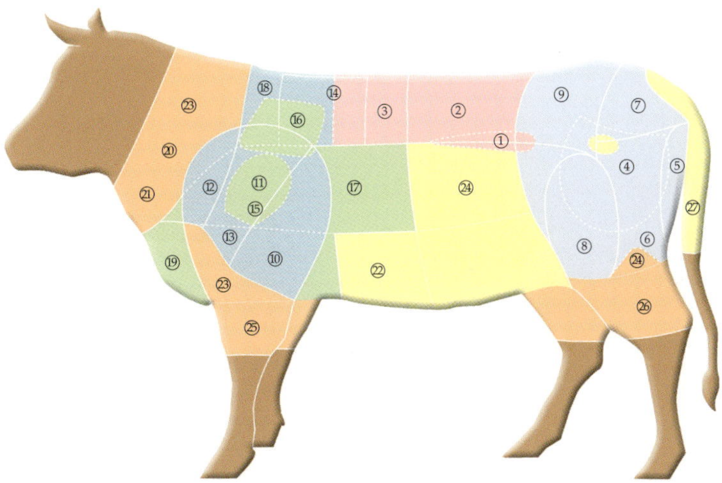

Abbildung 2: Einteilung der Fleischklassen beim Rind

Spitzenqualität Englischer	1. Qualität Gustostücke	2. Qualität	3. Qualität
1 – Lungenbraten (Filet) 2 – Beiried (Rumpsteak, Roastbeef) 3 – Rostbraten (hohe Beiried, Hochrippe)	4 – Schale (wird in Beinscherzel und Schwarzes Scherzel geteilt) 5 – Weißes Scherzel 6 – Tafelstück 7 – Tafelspitz 8 – Zapfen (Nuß, Kugel) 9 – Hüferl (Hüferscherzel, Hüferschwanzel 10 – Dicke Schulter	11 – Schulterscherzel (Schulterdeckel) 12 – Mageres Meisel 13 – Kavalierspitz 14 – Riedeckel 15 – Dicker Spitz 16 – Kruspelspitz 17 – Zwergspitz 18 – Hinteres Ausgelöstes 19 – Dickes Kügerl (Brustkern)	20 – Fettes Meisel 21 – Brustkern (-spitz) 22 – Mittleres und dünnes Kügerl 23 – Hals 24 – Beinfleisch 25 & 26 – Wadschinken 27 – Ochsenschlepp

SCHWEINEFLEISCH

Abbildung 3: Einteilung der Fleischklassen beim Schwein

1. Qualität	2. Qualität	3. Qualität
1 – Fischerl (Filet) 2 – Schlegel (Nuß, Kaiserteil, Frikandeau) 3 – Schlußbraten 4 – Karree 5 – Schopfbraten	6 – Schulter 7 – Bauchfleisch 8 – Stelzen	9 – Stichfleisch 10 – Kopf 11 – Haxl

SCHAFFLEISCH

Abbildung 4: Einteilung der Fleischklassen beim Schaf

1. Qualität	2. Qualität
1 – Schlegel 2 – Rücken	3 – Schulter 4 – Brust/Bauch

Foto: © shutterstock.com/jessicahyde

DIE TECHNOLOGIE DES RÄUCHERNS

Bevor es die Kühltechnik mit Tiefkühlgeräten in unseren Haushalten gegeben hatte, waren das Salzen, Räuchern und Trocknen von Fleisch die einzigen Möglichkeiten gewesen, dieses haltbar zu machen. In Mitteleuropa wurde wohlweislich in den Wintermonaten geschlachtet und geräuchert, um für die heißen Sommermonate Fleisch vorrätig zu haben. Räuchern bewirkt aber nicht nur eine Konservierung von Fleisch und Fleischprodukten, es verleiht diesen auch einen besonderen Geschmack, der in Kombination mit dem Fleischaroma und den verwendeten Gewürzen vom menschlichen Gaumen als sehr wohlschmeckend empfunden wird.

Beim Räuchern verändert sich das Räuchergut farblich und geschmacklich. Foto: © Wagner

Unterschiedliche Räuchertechniken

Aufgrund der Klimaunterschiede und der regionalen Gegebenheiten in den einzelnen Ländern hat sich die Räuchertechnik sehr unterschiedlich entwickelt und so auch viele regionaltypische Spezialitäten hervorgebracht. Im trockenen Klima und in der Meeresnähe der südlichen Regionen werden Fleisch und Fleischprodukte nur an der Luft „geräuchert“ bzw. gereift, d. h. ohne die Verbrennung von Hölzern. Solche Produkte haben ein typisches Reifearoma, das ausschließlich durch die natürliche Reifungsflora und die fleischeigenen Aromakomponenten entsteht. Ein nussartiges, fast süßes Flavour (Aroma und Geschmack) zeichnet solche Produkte, wie z. B. den Serranoschinken oder Schinken aus St. Daniele, aus. Im Gegensatz dazu haben sich vor allem im alpinen Bereich verschiedene Räuchermethoden durchgesetzt. Dort, wo die durchschnittliche Jahresluftfeuchtigkeit eine ausschließliche Luftreifung nicht erlaubt, werden verschiedene

Hölzer oder weiter im Norden auch Torf und Moose (Katenrauch) zur Raucherzeugung verwendet, um eine Konservierung zu erreichen. Die verschiedenen verwendeten Räuchermittel werden in der Fachsprache Smok genannt.

Was ist Räuchern?

Im Österreichischen Lebensmittelbuch (Codex alimentarius austriacus, Kapitel B 14) wird das Räuchern wie folgt beschrieben: „Räuchern ist eine traditionelle Technologie mit einer konservierenden und geschmackgebenden Wirkung bei gleichzeitiger Farbgebung. Außerdem findet ein Wasserentzug statt. Der Rauch kann entweder innerhalb oder außerhalb der Räucherkammer erzeugt werden. Letzteres geschieht mittels Raucherzeugern; dabei können durch geeignete Maßnahmen die Konzentrationen bestimmter schädlicher Stoffe und die Emissionen gering gehalten werden. Die Räucherung in der Kammer kann auch mit der Anwendung von Dampf verbunden sein. Eine weitere Möglichkeit der Anwendung ist das Vernebeln von gereinigten Rauchkondensaten (Flüssigrauch) in der Räucherkammer." Wenn die Räucherung einmal unterbrochen wird, sollte das kein Problem darstellen, da viele Schinkenprodukte gänzlich ohne Räucherung und nur durch Reifung hergestellt werden. Außerdem bringt das schonende Räuchern in Intervallen geschmackliche Vorteile, da zwischen den Räuchervorgängen frische Luft einwirken kann.

HINWEIS

Geschieht die Raucherzeugung außerhalb der Räucherkammer, kann die Konzentration bestimmter schädlicher Stoffe gering gehalten werden.

Rauch, der in der Fleischverarbeitung verwendet wird, muss gewisse Kriterien für ein schmackhaftes und gesundes Lebensmittel erfüllen. Als analytisch nachweisbare Hauptindikatoren für hygienisch einwandfreie Produkte – wie viele Rauchinhaltsstoffe befinden sich im fertigen Räuchergut – gelten die so genannten polyzyklischen aromatischen Kohlenwasserstoffe. Der Grenzwert für diese gesundheitsschädlichen chemischen Verbindungen wurde mit der Leitsubstanz Benzo-a-pyren mit fünf Millionstel Gramm (Mikrogramm) pro Kilogramm fertiges Räucherprodukt festgelegt.

Vor dem Räuchern wird das Räuchergut zum Abtrocknen aufgehängt. Fotos: © Wagner

INHALTSSTOFFE UND TECHNOLOGISCHE WIRKUNG VON RÄUCHERRAUCH

Rauch entsteht bei der Verbrennung von organischen Materialien. Der hohe Wirkungsgrad einer modernen Heizungsanlage entsteht durch eine fast vollständige Verbrennung des Heizmaterials unter Sauerstoffzufuhr mit einer geringen Rauchentwicklung. Was für die optimale Ausbeute des Energieinhalts von Brennmaterialien erwünscht ist, gilt nicht für das Räuchern. Hier entsteht Rauch durch eine unvollständige Verbrennung von Smok bei Drosselung der Sauerstoffzufuhr (niedriger Wirkungsgrad). Die Holzbestandteile Zellulose, Hemizellulose und Lignin werden thermisch abgebaut und durch Oxidation in die verschiedenen Rauchinhaltsstoffe aufgelöst.

Der thermische Abbau wird in der Fachsprache als Pyrolyse bezeichnet. Bei einer schonend durchgeführten Räucherung, wie z. B. bei der klassischen Kalträucherung, sollte die Glimmtemperatur des Smokmaterials möglichst unter 400 °C gehalten werden, da bei höherer Temperatur die Entstehung von gesundheitsschädlichen polyzyklischen aromatischen Kohlenwasserstoffen (PAK) begünstigt wird.

Was beeinflusst Rauchinhaltssoffe?

Über das Entstehen spezieller Rauchinhaltsstoffe entscheiden letztendlich die verwendete Holzart und die Verbrennungstemperatur. Rauch besteht grundsätzlich aus zwei Komponenten: aus einer gasförmigen und einer festen bzw. flüssigen. Die gasförmigen Rauchbestandteile sind nicht sichtbar und bestehen aus einer Vielzahl chemischer Verbindungen, wie phenolische Substanzen, organische Säuren (z. B. Essigsäure) und Carbonylverbindungen. Rund 25 % der Holzsubstanz wird als flüchtige organische Verbindungen freigesetzt. Diese üben einerseits eine keimhemmende und konservierende Wirkung aus und gehen andererseits mit den Eiweißen der Räucherprodukte die gewünschten aromawirksamen Verbindungen ein.

Weitere erwünschte Effekte von Räucherrauch sind die Farbgebung und die äußerliche Abtrocknung („zweite Haut“) der Produkte.

Rauchinhaltsstoffe bestehen aus einer Vielzahl von chemischen Verbindungen. Der Gehalt an PAKs (polyzyklissche aromatische Kohlenwasserstoffe) gilt als Leitsubstanz für eine Gesundheitsgefährdung.

Die Entstehung des Räucheraromas

Das typische Räucheraroma entsteht durch die Verbindung von Rauch, Fleisch und Gewürzen. Wird zu kurze Zeit gereift, bleibt ein „grüner“, unreifer Geschmackston, der noch entfernt an frisches Fleisch erinnert. Solchen Produkten fehlt das harmonische Flavour, das vom Reifeprozess herrührt. Bei zu starker Räucherung kann es vorkommen, dass beißend scharfer Geruch und Geschmack dominieren, wodurch die feinen Reifearomen vom Fleisch völlig überdeckt werden.

Bei der Verwendung falscher Räucherhölzer kann das Räuchergut sogar teerartig schmecken. Ein solcherart hergestelltes Produkt kann auch säuerliche bis saure Geschmacksnoten aufweisen, die von den organischen Säuren des Rauchs stammen.

Die Entstehung der Räucherfarbe

Die Entstehung der gewünschten Räucherfarbe ist abhängig von der jeweiligen Fleischart sowie der Dauer und Art der Räucherung. Schonend geräucherte Produkte weisen je nach Räucherintensität eine goldgelbe bis goldbraune Farbe auf. Die Räucherfarbe entsteht einerseits durch farbgebende Stoffe im Rauch, aber andererseits vor allem durch chemische Reaktionen des Rauches mit dem Räuchergut. Dazu muss das Räuchergut gut abgetrocknet sein, denn auf zu feuchtem Fleisch kondensieren Rußanteile besonders leicht.

Auf keinen Fall dürfen schwarze Rauchflecken auf dem Räuchergut sichtbar sein. Solche unerwünschten Rauchflecken können entstehen, wenn der Rauch ohne Umlenkung auf das Räuchergut trifft. In einigen alpinen Regionen Europas ist das traditionelle Schwarzräuchern noch verbreitet. Hier muss aus gesundheitlichen Gründen auf die Gefahr eines hohen Gehalts an schädlichen Rauchinhaltsstoffen in solchen Produkten hingewiesen werden. Auf keinen Fall sollte die Kruste bzw. Randschicht solcher Produkte mitverzehrt werden.

Gute Abtrocknung ist wichtig!

Die Raucherzeugung

Rauch kann durch unterschiedliche technologische Verfahren erzeugt werden. Zwei Verfahren spielen für das Räuchern eine besondere Rolle. Die traditionelle Räucherung erfolgt hauptsächlich durch das Einbringen von Glimmrauch in die Räucherkammer. Dabei wird das verwendete Smokmaterial unter gedrosselter Luftzufuhr verglimmt. Die Verglimmung kann entweder direkt durch ein entfachtes Feuer, einen elektrischen Heizdraht oder durch eine Gasflamme erfolgen. Eine Besonderheit bei der Raucherzeugung durch Verglimmung stellt die Variationsmöglichkeit des Smokmaterials dar, das in Form von Spänen wie Sägemehl mit oder ohne Gewürze (z. B. Wacholder) verbrannt wird. Auch verschiedene Hölzer können verwendet werden, was sich besonders in der Geruchs- und Geschmacksgebung der geräucherten Produkte auswirkt.

Glimmrauch entsteht durch gedrosselte Luftzufuhr.

Was ist Reiberauch?

Im gewerblichen Bereich wird vor allem Reiberauch (Friktionsrauch) verwendet. Bei diesem Verfahren werden Holzstücke (Buche) gegen einen Rotor gepresst. Durch die Reibungsenergie mit dem Holz entsteht Rauch, der sich durch einen niedrigen Teergehalt auszeichnet.

Eine weitere Möglichkeit der Raucherzeugung besteht im Vernebeln von gereinigten Rauchkondensaten (Flüssigrauch) in der Räucherkammer.

Das Smokmaterial

Holz, das fürs Räuchern verwendet wird, bezeichnet man als Smok. Für das Räuchern von Fleisch und Fleischwaren sollten ausschließlich Harthölzer verwendet werden. Koniferen (Weichhölzer, wie Fichte, Tanne, Kiefer etc.) haben einen zu hohen Harzgehalt. Das Verbrennen dieser Harzstoffe verursacht einerseits rußige Teerflecken auf dem Räuchergut, andererseits ist die Gefahr des Entstehens gesundheitsschädlicher Rauchinhaltsstoffe bei solchen Hölzern wesentlich erhöht. Auch in geschmacklicher Hinsicht können Produkte, die mit Weichhölzern geräuchert wurden, nicht mit hartholzgeräucherten verglichen werden. Mit

Weichholz geräuchertes Fleisch erreicht aufgrund der unedlen Räucheraromen nicht die Qualität von Fleisch, das mit Hartholz geräuchert wurde.

Welches Holz ist zu empfehlen?

Die besten und saubersten Ergebnisse werden durch das Verwenden von Buchenholz erreicht. Buchenholz bewirkt ein ausgezeichnetes Räucheraroma und eine gleichmäßige goldbraune Räucherfarbe. Es können aber auch andere Harthölzer, wie Obsthölzer (Apfel, Birne, Zwetschke), Erle, Esche, Ahorn etc., als Smokmaterial verwendet werden. Jedes dieser speziellen Hölzer gibt den damit geräucherten Produkten eine eigene Räuchernote. Weniger zu empfehlen ist Smokmaterial, das aus Eiche oder Kastanie gewonnen wurde. Vor allem Eichenholz zeichnet sich durch einen sehr hohen Gerbstoffgehalt aus, der den damit geräucherten Produkten eine eigenwillige, säuerliche Geschmacksnote verleiht.

Für die Erzeugung von Glimmrauch muss das Holz zu Sägespänen oder Sägemehl verarbeitet werden. Wichtig ist auch, beim Zerkleinern des Holzes darauf zu achten, dass das Smokmaterial gleich groß ist.

TIPP

Verwenden Sie als Smokmaterial aus geschmacklichen und hygienischen Gründen grundsätzlich nur gut getrocknete und saubere Harthölzer.

Hobelspäne Fichte (nicht geeignet)

Hackgut grob, Hartholz gemischt (nicht geeignet)

Sägespäne Hartholz gemischt (geeignet)

Fertiges Smokmaterial aus dem Handel (geeignet)

Sägemehl Buche (geeignet)

Hackgut Buche fein (geeignet)

Fertiges Smokmaterial kann im Fachhandel bezogen werden. Geeignet sind auch Sägespäne oder Sägemehl, die beim Schneiden der Hölzer anfallen.

Werden Sägespäne oder Sägemehl aus einem Sägewerk bezogen, muss sichergestellt sein, dass keine mineralischen Öle beim Schneiden der Hölzer verwendet wurden, da diese auch in geringen Spuren im Holz unerwünschte gesundheitsschädliche Rauchinhaltsstoffe erzeugen. Ebenso darf auf keinen Fall Holz verwendet werden, auf dem Spuren von Lack sind.

Ein weiteres Qualitätskriterium für optimales Smokmaterial ist die Homogenität der zerkleinerten Holzstückchen, d. h., die Späne bzw. das Mehl sollten in etwa gleich groß sein. Unterschiedliche Grob- und Feinanteile im Smokmaterial führen zu einer ungleichmäßigen Verglimmung.

TIPP

Sägespäne mit unterschiedlichen Grob- und Feinanteilen (Staub) kann man mit einer Sandreiter (Sandsieb) aussieben.

Unter bestimmten Umständen kann eine zu lockere Packung eines inhomogen zerkleinerten Smokmaterials zum gefürchteten Aufbrennen des Glimmherdes führen.

VERSCHIEDENE RÄUCHERVERFAHREN

Je nach der verwendeten Temperatur werden im Österreichischen Lebensmittelbuch folgende Räucherverfahren unterschieden:

- Kalträuchern
- Warmräuchern
- Heißräuchern

Kalträuchern

„Das ‚Kalträuchern' findet bei Räuchertemperaturen von 8–24 °C statt. Es bewirkt die stärkste Abtrocknung bei langer Räucherdauer. Dieses Verfahren wird bei Rohwürsten und **Rohpökelwaren** (z. B. Westfäler, Tiroler Speck, Fleischwaren mit der Zusatzbezeichnung ‚Land-', oder ‚Bauern-') angewendet. **‚Landgeselchtes'**, ‚Bauerngeselchtes' und gleichsinnige Begriffe sind keine Herkunftsbezeichnungen, sondern werden für Produkte verwendet, die kaltgeräuchert wurden. Derartige Erzeugnisse werden in der Regel trocken gepökelt und zeichnen sich durch starke Abtrocknung, deutlichen Rauchgeschmack und dunkle Räucherfarbe aus."
Eigene Messungen haben ergeben, dass kaltgeräucherte Produkte kaum nennenswerte Mengen an gesundheitsschädlichem Benzo-a-pyren enthalten. Es wird daher vorgeschlagen, mit der Räuchertemperatur möglichst niedrig zu bleiben. Die Räuchertemperatur steht mit der Glimmtemperatur des Brennmaterials in direktem Zusammenhang. Anzumerken ist auch, dass vielfach die vorgenommenen Temperaturmessungen nicht stimmen, da die verwendeten Thermometer entweder nicht geeicht bzw. oft völlig verschmutzt und verteert sind.

Räucherphasen

Kalträuchern sollte immer in Intervallen bzw. Räucherphasen erfolgen. Eine Räucherphase wird bei der traditionellen Räucherung durch die Zeit der Verglimmung einer Schüttung Smokmaterial definiert und dauert üblicherweise zwischen fünf und zwölf Stunden.

Zwischen diesen Phasen erfolgt eine ausgiebige Belüftung mit Frischluft (mindestens fünf Stunden). Die Frischluftgabe bewirkt nicht nur eine zusätzliche Abtrocknung, sondern auch eine hervorragende Geschmacksgebung, weil der zugeführte Sauerstoff für die Aromabildung wichtig ist. Im Gegensatz dazu haben schnell geräucherte Produkte, zumeist noch bei höheren Temperaturen, nicht die beschriebene Geschmacksvielfalt, sie weisen eher eine rein rauchbetonte Geschmackscharakteristik auf, bei der die typischen feinen Reifenoten von Dauerwaren fehlen. Das Fleischaroma wird bei falscher Räuchertechnologie meist durch einen kratzenden Rauchgeschmack überdeckt.

TIPP

Die Sonden der Temperaturfühler müssen regelmäßig, am besten mit Alkohol oder Waschbenzin, gereinigt werden und sollten im oberen Drittel der Räucherkammer angebracht werden.

Kalträuchern in Intervallen sollte immer möglichst schonend durchgeführt werden. Besonders in der ersten Räucherphase darf die Temperatur in der Räucherkammer nicht zu hoch steigen, da sonst die Randschichten des Räucherguts zu stark abtrocknen und „verschalen“. Feuchtigkeit aus dem Inneren des Räucherguts kann dann nicht mehr durch diese Schale hindurch nach außen dringen. Es besteht die Gefahr von Fehlfermentationen und Verderbnis.

Falsches Anheizen nach der Frischluftphase

Ein weiteres Gefahrenelement beim Räuchern in Intervallen ist das falsche Anheizen nach den Frischluftphasen, da dadurch schädliche Rauchgase auf das Produkt gelangen können. Auf keinen Fall darf beim Wiederanfachen des Smokmaterials eine offene Flamme entstehen. Moderne Rauchgasregler haben aus diesem Grund eine eigene Anheizstufe, bei der über eine gewisse Zeit hinweg die schädlichen Anheizgase direkt in den Kamin und nicht in die Räucherkammer geleitet werden.

Schonendes Kalträuchern erfolgt je nach Produkt in der Regel in 3–5 Räucherphasen zu ca. 5–12 Stunden mit zwischenzeitlicher Frischluftzufuhr. Diese Methode ist sicherlich nicht nur in gesundheitlicher, sondern auch in geschmacklicher Hinsicht für Rohprodukte mit längerer Haltbarkeit (Dauerwaren, wie Rohschinken etc.) zu empfehlen.

TIPP

Das Anheizen des neuen Smokmaterials kann sehr einfach mit Hilfe eines Handbrenners erfolgen. Dabei wird die Gasflamme direkt auf das Smokmaterial gerichtet, bis sich ein Glutbett gebildet hat.

Warmräuchern

„Räuchern im Temperaturbereich zwischen Kalt- und Heißräuchern bezeichnet man als Warmräuchern.“ Warmgeräuchert werden vor allem **Brüh-** und **Kochprodukte**, nicht Dauerwaren. Die zum Warmräuchern benötigten Temperaturen im Räucherraum (bis 60 °C) dürfen nicht nur durch Verbrennen des Smokmaterials erreicht werden. Es muss in der Räucherkammer eine zusätzliche geschlossene Heizquelle (z. B. elektrisch) für die Erhitzung geben, die vom Räuchervorgang entkoppelt ist. Beim Warmräuchern wird in einem Durchgang bis zu ca. 24 Stunden geräuchert.

Heißräuchern

„Beim Heißräuchern werden Temperaturen zwischen 70 und 100 °C angewendet. Heißgeräuchert werden **Brät-** und **Fleischwürste** sowie **Kochpökelwaren.** Intensives trockenes Heißräuchern bei einer Temperatur von über 80 °C nennt man ‚Braten'. Es führt zu höherem Wasserverlust und stärkerer Geschmacksbildung. Als ‚gebraten' bezeichnete Produkte haben ein um mindestens 0,5 geringeres Wasser-Eiweiß-Verhältnis als die nicht so bezeichneten." Auch beim Heißräuchern darf, wie beim Warmräuchern, die gewünschte Temperatur im Räucherraum nicht nur durch das Verbrennen von Smokmaterial erreicht werden.

Verminderung des Gehaltes an polyzyklischen Kohlenwasserstoffen

Das Österreichische Lebensmittelbuch beschreibt wirksame Maßnahmen zur Verminderung des Gehaltes an polyzyklischen Kohlenwasserstoffen in stark geräucherten Fleischwaren: „Der Gehalt an polyzyklischen Kohlenwasserstoffen in stark geräucherten Fleischwaren kann durch technologische Maßnahmen in Grenzen gehalten werden:

- Die wirksamste Maßnahme ist die Einschaltung geeigneter Filter.
- Die Glimmtemperatur des Holzes ist möglichst gering zu halten.
- Der Abstand vom Ort der Rauchentwicklung zum Räuchergut ist so groß wie möglich zu halten. Empfehlenswert ist es, die Raucherzeugung außerhalb der Räucherkammer vorzunehmen. Dabei ist jedoch zu berücksichtigen, dass auch die Rauchgeschwindigkeit von Bedeutung ist. Je mehr Zeit zwischen Rauchentwicklung und Einwirkung auf die Fleischware verstreicht, desto geringer ist der zu erwartende Gehalt an polyzyklischen Kohlenwasserstoffen.
- Da auf feuchten Oberflächen von kalt eingebrachtem Räuchergut eine verstärkte Kondensation stattfindet, ist das Räuchergut vor Beginn der Räucherung oberflächlich weitgehend abzutrocknen. Eine Befeuchtung des Räuchergutes vor oder während der Räucherung ist zu unterlassen.
- Es ist zu vermeiden, dass Fett in die Glut bzw. auf den Gasbrenner tropft.
- Die Kalträucherung führt selbst in Räucheranlagen, die keine besonderen Vorkehrungen zur Kondensation von polyzyklischen Kohlenwasserstoffen aufweisen, zu geringeren Gehalten als die Heißräucherung. Bei der Heißräucherung, die zu einem stark geräucherten Produkt führen soll, sind Vorkehrungen im Sinne der vorerwähnten Maßnahmen erforderlich. Ebenso bestehen gegen das mit einer Erhitzung (Braten) kombinierte Räuchern keine Einwände, wenn geeignete Vorkehrungen getroffen sind, die einen Rauch mit geringem Gehalt an polyzyklischen Kohlenwasserstoffen sicherstellen."

Flüssigrauch – die Anwendung von gereinigten Rauchkondensaten

Flüssigrauch ist frisch entwickelter Räucherrauch, der im Wasser aufgefangen und in der Räucherkammer vernebelt wird. Dieses Kondensat (Flüssigrauch) ist praktisch frei von Benzo-a-pyren und Teer.

Da bei diesem Verfahren in einem geschlossenen System gearbeitet wird, entstehen im Vergleich zu den anderen Verfahren die geringsten Emissionen. Andere Methoden, wie etwa das Beifügen zur Wurstmasse oder das Tauchen des Räuchergutes in Aromalösungen zum Vortäuschen einer Räucherung, sind unzulässig, ebenso die Verwendung von in Alkohol aufgefangenen Rauchkondensaten.

Schonend geräuchertes Fleisch weist ein besonders harmonisches Aroma auf. Foto: © Wagner

DIE ERRICHTUNG EINER RÄUCHERKAMMER

Räucherkammern (Selchen) können entweder im Gebäudeverbund oder freistehend gebaut werden. Vor dem Einbau einer Räucherkammer in das Gefüge eines Wohnhauses müssen mit einem Rauchfangkehrer die gesetzlichen Bestimmungen für den Einbau und den Anschluss an den Kamin abgeklärt werden. Außerdem kann durch eine fachgerechte Beratung vermieden werden, dass später Probleme auftreten.

Eine kleine Checkliste soll Ihnen bei der Planung Ihrer neuen Räucherkammer helfen:

- Räucherkammern sollten aus sicherheitstechnischen (gefährliche Rauchgase) und aus hygienischen Gründen (Staub, Ruß) nie in unmittelbarer Nähe von Wohnräumen eingebaut werden.
- Räucherkammern sollten in unmittelbarer Nähe der Verarbeitungsräume sein. Achtung: Die Befeuerung und das Hantieren mit Holz in Verarbeitungsräumen ist nach den geltenden Hygienebestimmungen verboten.
- Die Befeuerung der Räucherkammer kann auch von außen (im Freien) erfolgen. Damit werden Staub- und Rußentwicklung im Haus vermieden.
- Die Beschickung der Räucherkammer sollte über einen Vorraum erfolgen, der gut be- und entlüftet werden kann.
- Eine quadratisch angelegte Räucherkammer ist wegen der gleichmäßigeren Rauchverteilung günstiger als eine rechteckige. Die Ecken der Räucherkammer können noch einmal schräg gebrochen werden, um tote Winkel zu vermeiden. Für die optimale Ausnutzung von Glimmrauch sollte die Räucherraumgröße in der Stellfläche zwischen 1 Meter x 1 Meter und 1,5 Meter x 1,5 Meter variieren. Die Höhe sollte mit ca. 2,5–3,0 Metern begrenzt sein.
- Die Räucherkammer muss brandbeständig ausgeführt sein. Die Brandbeständigkeit darf die Brandschutz-Norm F 90 nicht unterschreiten. Das gilt auch für den Einbau einer brandbeständigen Tür, die mit einer feuerfesten Dichtung hermetisch abschließen muss.
- Die traditionelle Räucherkammer sollte in Ziegelbauweise errichtet werden. Als Verputz eignet sich ein säurefester Innenzement, der glatt verstrichen wird. Die Besonderheit einer gemauerten Räucherkammer besteht in der Klima- und Feuchtigkeitsregulierung, da Ziegel gute Wärme- und Feuchtigkeitsspeicher sind.
- Der Raucheinlass sollte in der Mitte der Selch, geschützt durch ein Prallblech, sein. Dadurch wird eine indirekte Rauchführung erreicht, der Rauch kondensiert am Prallblech und nicht am Räuchergut.
- Der Kaminauslass sollte in der Mitte der Selch sein, vor dessen Öffnung ein abgesetztes Prallblech angebracht wird. Dadurch wird eine gleichmäßigere Verteilung des Rauchs im Räucherraum erreicht und einseitige Zugwirkung verhindert.
- Der Kaminschlauch für den Abzug des Räucherrauchs sollte von keinen anderen Heizquellen gespeist werden, um Falschluft und „schlechtes Ziehen“ der Räucherkammer zu vermeiden.
- Das Rauchrohr im Kamin sollte einen Durchmesser von mindestens 16 cm haben. Die Höhe des Kamins wird durch die Firsthöhe feuerpolizeilich geregelt.

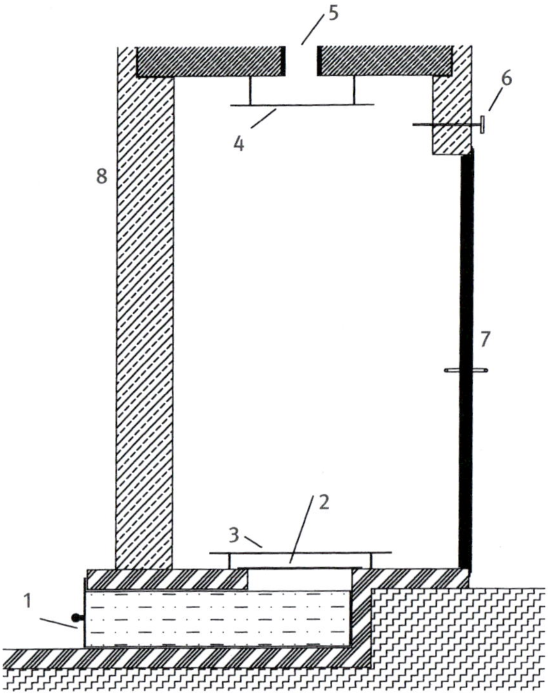

Abbildung 5: Skizze einer Räucherkammer

Quelle: Institut Wagner

1 Smoklade von außen bedienbar
2 Lochblech über Raucheinlass
3 Prallblech über Lochblech
4 Prallblech über Rauchauslass
5 Kaminauslass
6 Temperaturfühler
7 Räucherkammertür, brandbeständig und luftdicht aus-geführt
8 Massiver Wandaufbau der Räucherkammer, besonders bei Angrenzung ins Freie

TIPP

Durch Rauchumlenkung kommt es zur gleichmäßigen Verteilung des Rauches.

DIE VERWENDUNG VON RÄUCHERSCHRÄNKEN

Räucherschränke sind, im Gegensatz zu fix gemauerten Räucherkammern, mobile Räuchergeräte aus Metall, die in den verschiedensten Größen und Kapazitäten, vom Hobbybedarf bis zur gewerblichen Anwendung, im Handel angeboten werden. In Bezug auf die Aufstellung gelten dieselben Bestimmungen wie bei der Inbetriebnahme von gemauerten Räucherkammern. Ein Rauchrohranschluss muss vorhanden und die Umgebung brandsicher ausgestattet sein. Räucherschränke bestehen in der Regel aus einer Verbrennungseinheit, einem Rauchverteiler mit Rauchfilter, einem Fettabtropfblech und dem Räucherkasten mit verschiedenen Etagen zum Aufhängen der Räucherprodukte. Der Vorteil von Räucherschränken liegt in der Mobilität, da diese platzsparend an jedem geschützten Ort aufgestellt werden können. Die meisten Räucherschränke werden mit Sägemehl als Smokmaterial beschickt. Auf die Einstellung des Luftzugs und die Verglimmung des Smokmaterials ist bei Räucherschränken besonders zu achten, da der Rauchraum des Räucherkastens hier viel kleiner dimensioniert ist als bei gemauerten Räucherkammern.

Foto: © Wagner

Verschiedene Fleischstücke in der Räucherkammer

RÄUCHERFEHLER UND IHRE MÖGLICHEN URSACHEN

Es entwickelt sich zu wenig Rauch, das Smokmaterial erlischt oder brennt nicht durch:

- Im Kamin kann bei Niederdruck eine Kaltluftsäule stehen, die besonders bei hohen Kaminen das „Ziehen" des Kamins verhindert. Hier kann durch Abbrennen eines Blatts Papier durch die Putztür im oberen Drittel des Kamins Abhilfe geschaffen werden. Die Kaltluftsäule wird dabei aus dem Kamin bewegt.
- Der Rauchzug ist für die Funktion in einer Räucherkammer zu gering. Kamine im Verbund mit Feuerstätten (z. B. Räucherkammern) sind behördlich genehmigungspflichtig. Kontaktieren Sie diesbezüglich ihren örtlichen Rauchfangkehrer, der auch die Dimensionierung und die Versorgung mit ausreichend Verbrennungsluft beurteilen kann.
- Sie verwenden zu feuchtes Smokmaterial. Das Smokmaterial sollte die nötige Trockenheit aufweisen.
- Die Belüftung der Räucherkammer erfolgt mit zu wenig Frischluft. Für eine ausreichende Belüftung der Räucherkammer müssen vorschriftsmäßig Lüftungsschlitze vorhanden sein bzw. muss auch ein Belüftungsrohr ins Freie führen. Die Schlitze oder das Rohr dürfen auch in den kalten Wintermonaten beim Räuchern nicht geschlossen werden.
- Die Luftklappe ist möglicherweise zu stark geschlossen, und es steht zu wenig Frischluft für die Verglimmung des Smokmaterials zur Verfügung. Die Luftklappe sollte stufenlos verstellbar sein und den Räucherbedingungen angepasst werden können.

Das geräucherte Fleisch hat einen untypischen Geschmack (Karbol, Terpentin etc.):

- Das verwendete Smokmaterial war zu feucht gelagert.
- Das verwendete Smokmaterial war mit Fremdbestandteilen (Lackresten etc.) verunreinigt.

Moderner Räucherschrank aus Edelstahl, Fa. Eidler, Wiesmath (links) Foto: © Franz Eidler, Wiesmath
Räucherschrank mit Gasheizung (auch für Außenbetrieb), Fa. Pasta Noris, Nürnberg (rechts) Foto: © Fa. Pasta Noris, Nürnberg

Es entwickelt sich zu viel Rauch, das Smokmaterial brennt zu schnell ab:

- Das verwendete Smokmaterial ist zu lose gepackt oder zu trocken. Das verwendete Smokmaterial sollte nicht zu lose gepackt sein, um ein mögliches Aufbrennen zu vermeiden.
- Der Zug im Kamin ist zu stark. Mit geeigneten Schiebern kann die Luftzufuhr gedrosselt werden.

Es erfolgt eine übermäßige Austrocknung des Räucherguts mit ausgeprägter Randbildung:

- Die Luftgeschwindigkeit durch den Kamin ist zu stark eingestellt. Durch eine zu hohe Luftgeschwindigkeit erfolgt eine zu schnelle Abtrocknung der Produkte.
- Die Produkte werden zu warm geräuchert oder zu warm und trocken gelagert.

Das Räuchergut beginnt zu schimmeln, es „läuft“ an:

- Hygienemängel in der Herstellung (Wursten, Pökeln etc.). Mögliche Fehler und deren Vermeidung werden in den entsprechenden Kapiteln detailliert beschrieben.
- Zu geringe Räucherung der Produkte. Räucherrauch bewirkt durch seine Inhaltsstoffe eine gewisse Konservierung der Produkte und hemmt die Schimmelbildung.
- Die Lagerung der Produkte erfolgt bei zu hoher Luftfeuchtigkeit. Die Lagerfeuchtigkeit in der Umgebungsluft sollte die relative Luftfeuchtigkeit von 80 % nicht überschreiten.
- Räucherung und Lagerung der Produkte erfolgen in einem Raum mit zu wenig Luftaustausch.

Das Räuchergut verdirbt (bakterieller Verderb):

- Das Räuchergut hängt zu dicht in der Räucherkammer, die Berührungspunkte der dicht gehängten Stücke wurden vom Rauch nicht erfasst.
- Die Hygiene im Lager- bzw. Reiferaum entspricht nicht den Standards.

Das Räuchergut tropft, das Fett ist geschmolzen:

- Die Räuchertemperatur war zu hoch. Besonders bei Speck ist auf die Temperatur zu achten.

DIE HERSTELLUNG HYGIENISCH SICHERER RÄUCHERWAREN

Die EU-Projektmanagementstelle „Integrierte ländliche Entwicklung Steiermark“ führte im Jahr 1999 unter Leitung des Autors eine umfassende Studie zur Qualitätsverbesserung traditionell hergestellter Räucherwaren durch. In dieser Studie wurde nachgewiesen, dass auch mit traditionellen Räucherkammern, bei Verwendung von kaltem Glimmrauch, gesundheitlich einwandfreie Produkte mit Benzo-a-pyren-Werten weit unter dem gesetzlichen Grenzwert hergestellt werden können.

Folgende Ursachen/Faktoren für einen erhöhten Benzo-a-pyren-Gehalt in Räucherwaren wurden festgestellt:

Faktor Smokmaterial

Das Brennmaterial muss auf jeden Fall Hartholz sein (z. B. Buche, Obsthölzer, Erle etc.). Eiche und Kastanie haben einen sehr hohen Gerbsäuregehalt, der sich in veränderter Form auch im Rauch wiederfindet und den Selchprodukten eine eigenwillige Farbe und vor allem einen strengen Geschmack verleiht. Koniferenhölzer, wie Fichte, Tanne und Kiefer, sind für das Selchen nicht geeignet, denn sie enthalten einen zu hohen Harzgehalt, so dass teerhaltige Rauchinhaltsstoffe entstehen.

Zustand des Brennmaterials

Das Brennmaterial sollte gleichmäßig zerkleinert und abgetrocknet sein, damit es regelmäßig verglimmen kann. Brennmaterial, das durch Hackschnitzelgeräte gewonnen wurde, kann auf jeden Fall verwendet werden, unter der Voraussetzung, dass es sich um Hartholz handelt. Bei großen Holzstücken, wie Holzscheite, die auf die Glut gelegt werden, besteht die Gefahr, dass sie unkontrolliert hochbrennen. Das Entflammen des Brennmaterials ist während des Selchvorgangs zu vermeiden. Betriebe, die vor allem mit Buchenholzspänen geräuchert haben, erzielten insgesamt niedrigere Benzo-a-pyren-Werte als Betriebe, die vermehrt auch ganze Holzscheite verwendet hatten. Die Glimmtemperatur des verbrennenden Smoks sollte möglichst niedrig gehalten werden.

Faktor Räuchertechnologie

Bei der angewandten Räuchertechnologie spielen vor allem die Räuchertemperatur, die Räucherdauer sowie die Luftführung eine wesentliche Rolle. Das Räuchergut, das bei einer Temperatur unter 30 °C geselcht wurde, hatte auch niedrigere Benzo-a-pyren-Werte. Es wird daher vorgeschlagen, mit der Räuchertemperatur möglichst niedrig zu bleiben, da die Räuchertemperatur mit der Glimmtemperatur des Brennmaterials in direktem Zusammenhang steht. Anzumerken ist auch, dass vielfach die Temperaturmessungen nicht stimmten (Unterschreitung der tatsächlichen Temperatur bis zu 20 °C!), da die verwendeten Thermometer entweder nicht geeicht bzw. völlig verschmutzt waren.

Räucherdauer und Räuchertemperatur

Die Räucherdauer steht in direktem Zusammenhang mit der Räuchertemperatur. Je höher die Räuchertemperatur in der Räucherkammer, umso kürzer dauert insgesamt der gesamte Räuchervorgang. Langsames Selchen in Intervallen bringt dabei nicht nur einen unverwechselbaren Geschmack, sondern verringert auch wesentlich das Risiko einer Benzo-a-pyren-Belastung. Die Daten im durchgeführten Projekt zeigen höhere Benzo-a-pyren-Werte bei kürzerer Selchdauer und niedrigere Benzo-a-pyren-Werte bei längerer Räucherdauer. Das Räuchern in Intervallen bringt geschmackliche Vorteile, weil durch den Luftzutritt ein harmonisches Zusammenspiel von Fleisch- und Raucharoma möglich wird. Beim Räuchern in Intervallen besteht aber die Gefahr, dass durch das neue Anheizen eine offene Flamme entsteht und die Verbrennungstemperatur dadurch drastisch erhöht wird.

Faktor Räuchergut

Das Räuchergut sollte gut abgetrocknet in die Räucherkammer gehängt werden. Auf feuchten bzw. nassen Teilstücken bleiben Rauchpartikel besser haften, es findet eine

Kondensation statt, und es bildet sich eine unerwünschte schmierige Rußschicht. Das Räuchergut darf auf keinen Fall direkt über der Schwelzone hängen, da dadurch Rauchpartikel ungehindert auf das Fleisch treffen. Außerdem besteht akute Brandgefahr, wenn das Fett in die Schwelzone tropfen kann. Das Räuchergut darf auch auf keinen Fall zu dicht in die Räucherkammer gehängt werden, um einen freien, ungehinderten Rauch- und Luftzutritt zu den einzelnen Stücken zu ermöglichen.

Faktor Räucherkammer

Die Räucherkammer sollte aus praktischen Gründen mit einem Räucherkorb auf einer Rohrbahn oder Schiene oder aber mit einem fahrbaren Korb beschickt werden. Der Selchraum sollte unmittelbar an den Verarbeitungsraum angeschlossen sein (nicht im Verarbeitungsraum).

Größe der Räucherkammer

Nach Möglichkeit sollte der Selchraum quadratisch errichtet werden, mit einer Raumgröße von 1,0 x 1,0 Meter bis 1,5 x 1,5 Meter. In einem quadratischen Raum ist eine gleichmäßige Rauchverteilung möglich, außerdem kann beim Räuchern in Intervallen der Räucherwagen leicht gedreht werden.

Die Raumhöhe sollte entsprechend dem Gebäude, in dem der Selchraum eingebaut wird, konzipiert werden, mit einer vorgeschlagenen Höhe von 2,50 Metern. Selchraum, Türen und Rauchfänge (Durchmesser z. B. 18 cm oder 16 mal 16 cm quadratisch) müssen dicht ausgeführt sein. Falschluftmöglichkeiten durch etwaige andere Anschlüsse am Kamin sind zu vermeiden.

Ausstattung

Die Rauchfänge müssen leicht zu reinigen sein; die Reinigungsöffnungen dürfen dabei nicht in Wohnräumen sein oder in Räumen zur Erzeugung, Lagerung oder Verarbeitung. Der Selchraum muss über einen entsprechenden Vorraum/Pufferraum erreicht bzw. beschickt werden können. Dieser Vorraum muss gut künstlich oder natürlich belüftet werden können.

Sämtliche Einbauten müssen brandbeständig (Brandschutznorm F 90) ausgeführt sein. Verwendet werden Mauerziegel mit einer Wandstärke von 12 cm, beidseitig verputzt, oder Hohllochziegel mit einer Wandstärke von mindestens 17 cm, beidseitig verputzt. Temperaturfühler müssen so angebracht sein, dass sie für die regelmäßige Reinigung leicht herausgenommen werden können.

Befeuerung

Die Befeuerung des Selchraums kann von außen oder von innen erfolgen. In jedem Fall ist auf eine ausreichende Rauchumlenkung bzw. Abdeckung der Glimmstelle zu achten. Prallbleche haben den Sinn, schädliche Rauchinhaltsstoffe „abzufangen", so dass diese nicht direkt auf das Räuchergut treffen können. Die Anbringung der Schwelzone direkt unter dem Räuchergut ohne Umlenkungs- bzw. Schutzmaßnahmen ist zu vermeiden. Selchräume müssen vor Beschickung mit Räuchergut gut temperiert sein, um eine Kondensatbildung am Räuchergut zu verhindern.

Faktor Produzent

Fehlendes Wissen um grundlegende technologische Zusammenhänge ist oft die Ursache, dass Produkte nicht einwandfrei sind. Zeitmangel und Stress, besonders in der Zeit vor Ostern, wenn eine erhöhte Produktion notwendig ist, darf nicht dazu führen, dass die üblichen technologischen Vorsichtsmaßnahmen vernachlässigt werden.

SCHINKEN IST NICHT GLEICH SCHINKEN

Der beste Teil des Schweins hat viele Liebhaber unter Feinschmeckern und Kennern ausgesuchter Spezialitäten. Bei keinem anderen Fleischprodukt gibt es in einer Kategorie so viele Unterschiede und Nuancen, nicht nur in Aussehen und Geschmack, sondern auch im Preis. Die Herstellung erstklassigen Schinkens ist immer noch die hohe Kunst in der Fleischverarbeitung und verlangt viel Erfahrung und Können. Nur beste Ausgangsprodukte und Fleischqualitäten liefern Topprodukte. Die Qualität beim Schinken beginnt beim Tier und definiert sich über die Art der Fütterung, der Technologie und Reifung. Prinzipiell erscheint alles ganz einfach: Die Schweinekeule muss nur gepökelt, eventuell geräuchert und danach zum Reifen aufgehängt werden – der Rest besteht aus Warten – in der Regel bis zu zwölf Monate.

Zedlers „Großes Reallexikon aller Wissenschaften und Stände" gibt die nötigen technologischen Hinweise für die Herstellung von Schinken anno 1741:

Fein aufgeschnitten entfaltet Schinken sein volles Aroma.

„Mit den Schincken wird auf folgende Weise verfahren: Wenn sie von dem Schweine wohl abgelöset worden, so werden sie etliche Tage, bis sie ein wenig erstarren, liegen gelassen, aldenn eingesaltzen, und das Saltz absonderlich um die Knochen, wo sie sonst zum ersten moderichtzu werden pflegen, wohl eingerieben, und in diesem Saltze müssen sie wieder eine Woche verbleiben; sodann werden sie auf ein Bret gelegt, und mit einem andern Brete zugedeckt, damit man auf dieses obere etliche schwere Steine oder Bley legen, und das Saltzwasser oder die angreiffende Feuchtigkeit austreten und davon lauffen lassen könne. Ist nun diese Feuchtigkeit heraus, so befreyet man den Schincken wieder vom Brete und Gewichte, saltze ihn noch ein mahl auf der fleischigen und der zähen Schwarte entgegen gesetzten Seite, läßt ihn wieder drey Tage so liegen, und wandert dann erste mit ihm in den Rauch. Wenn man unter das Saltz ein klein wenig Salpeter mischet, so wird das Fleisch nicht allein schön roth davon, sondern erlangt auch einen lieblichen Geschmack.“

Rohschinken ist ein Naturprodukt erster Güte, auch ernährungswissenschaftlich gesehen. Viele Enzyme und Vitamine, allen voran das im Schweinefleisch besonders reichlich vorkommende, temperaturempfindliche Vitamin B_1 (Thiamin), bleiben im rohen Schinken im Gegensatz zu gekochten Produkten voll erhalten.

Schinken sollte eine gleichmäßig rote Farbe aufweisen.
Foto: © Foto Frankl, Graz

Rohschinken braucht eine gewisse Salzkonzentration, wenn ein ausreichend haltbares Produkt hergestellt werden soll. Das sollte von Personen, die auf Kochsalz (NaCl) empfindlich reagieren, berücksichtigt werden. Für die Natriumkonzentration spielt es keine Rolle, ob Kochsalz (ohne oder mit Salpeter) oder Nitritpökelsalz bei der Herstellung verwendet wurde. Milde Naturschinken weisen im Gegensatz zum eher stark gesalzenen Schinkenspeck ca. 5 % Salzgehalt auf.

Geschmack – für jeden ist etwas dabei

Beim Geschmack scheiden sich die Geister: Während die einen luftgetrocknete Schinken für das Nonplusultra halten, schätzen andere eine gewisse Räuchernote, ein herzhaftes und würziges Aroma. Qualitätsschinken haben in beiden Fällen einen ausgewogenen harmonischen Geruch, der nicht durch säuerliche oder andere fremdartige Töne überlagert werden darf.

Die Farbe im Inneren ist gleichmäßig rot, bei manchen Schinken eher dunkler, bei anderen heller. Da spielt vor allem die Tierrasse eine wichtige Rolle. Wichtig ist auch ein festes, kerniges, weißfarbiges Fett, das von der richtigen Fütterung der Tiere herrührt. Es darf am Gaumen nicht schmalzig oder zäh wirken. Farbgebungen des Fetts, z. B. wenn es gelblich wird, weisen u. a. auf eine beginnende Oxidation der Fettsäuren hin. Die gelbliche Farbe des Specks ist nicht, wie oft behauptet wird, ein Zeichen für Qualität, sondern zeigt an, dass das Fleisch ranzig wird. Der Geschmack des Schinkens sollte mild und aromatisch und der Biss mürbe und zart sein. Der natürliche Schinkengeschmack darf nicht von einer übertriebenen Salzigkeit überlagert sein.

EUROPÄISCHE ROHSCHINKEN IM KURZPORTRÄT

Viele Regionen in Europa haben ihren eigenen traditionellen Rohschinken. Das spezielle Klima und die Zutaten der jeweiligen Regionen haben, lange bevor automatisierte Kühl- und Reifungstechnologien Einzug gehalten haben, besondere regionale Spezialitäten hervorgebracht. Einige schon sehr bekannte, aber auch neue Produkte werden hier ohne Anspruch auf Vollständigkeit angeführt.

Aoste-Schinken

Der Aoste-Schinken wird im Dorf Aoste am Rande von Savoyen in Frankreich hergestellt. Er ist ein Naturschinken, der nur durch Meersalz und einer bis zu 10 Monate dauernden Reifezeit haltbar gemacht wird. Die Schinken werden mit Schwarte und Knochen angeboten.

Holsteiner Katenschinken

Der Katenschinken ist eine der klassischen deutschen Schinkensorten. Er kommt in der Angebotsform sowohl als ganzer Schinken (hier einer der größten Schinken) als auch in diversen Zuschnitten in den Handel. Als Katenrauch wurde der Rauch bezeichnet, der bei der Verbrennung von Torfen und Heidemoosen entsteht. Diese Art der Räucherung wird nicht mehr angewandt. Heute ist der Holsteiner Katenschinken ein langsam geräucherter Schinken.

Westfälischer Knochenschinken

Dieser Knochenschinken wird aus der gesamten Hinterkeule des Schweins hergestellt und zählt zu den traditionsreichsten deutschen Schinkensorten. Das Produkt wird im Trockenpökelverfahren hergestellt und wird ausschließlich leicht geräuchert.

Schwarzwälder Schinken

Der Schwarzwälder Schinken zeichnet sich durch seinen aromatischen Rauchgeschmack aus. Der Schinken wird ohne Knochen gepökelt. Die Besonderheit des rauchigen Geschmacks entsteht durch die Art der Räucherung, bei der auch Tannenreisig verwendet wird. Der Schwarzwälder Schinken hat eine dunkle, fast schwarze Oberfläche.

Serrano-Schinken

Der Serrano-Schinken kommt aus Spanien und zeichnet sich durch einen besonderen Zuschnitt, dem Corte Serrano, aus. Aus spanischen Hausschweinen gewonnen, wird die Keule im Ganzen mit Eisbein und Pfote verarbeitet. Der Serrano-Schinken wird durch Salz haltbar gemacht. Es gibt verschiedene Reifequalitäten, Spitzenprodukte können bis zu zwei Jahre reifen. Die Qualitätskontrolle erfolgt durch das Consorzio Serrano, und ein Gütesiegel garantiert die Qualität.

Iberico-Schinken

Der Iberico-Schinken unterscheidet sich vom Serrano-Schinken vor allem durch die Auswahl des Rohmaterials. Der Iberico-Schinken wird aus den Keulen der schwarzen, freilaufenden, iberischen Schweine hergestellt, die in Eichen- und Korkbaumwäldern ihre Nahrung finden. Das Fleisch ist durch diese besondere Fütterung teilweise etwas dunkler und würziger im Geschmack.

Parma-Schinken

Die eingebrannte fünfzackige Krone der Herzöge von Parma weist den milden Rohschinken aus der norditalienischen Region Emilia Romagna als Original-Parma-Schinken aus. Der Schinken wird mit reinem Meersalz gepökelt und bis zu zwölf Monate in mehrgeschossigen Schinkenreifhäusern luftgetrocknet. Den Parma-Schinken gibt es im Handel auch als Prosciutto Parma S/O (ohne Knochen) und auch in Form weiterer spezieller Angebotsformen.

San-Daniele-Schinken

San Daniele ist ein kleiner Ort im italienischen Friaul, der durch seine opulenten Schinkenfeste über die Grenzen hinaus bekannt wurde. Der San Daniele Schinken folgt den strengen Qualitätsvorschriften der San-Daniele-Prosciutto-Genossenschaft mit dem Brandzeichen D. O. C. – *Denominazione di Origine Controllata*. Die Schinken müssen vor dem Einsalzen mit Meersalz mindestens 10 kg haben. Die Schinken reifen traditionell im Mikroklima der Dachböden im Ort und werden von Zeit zu Zeit mit einer langen spitzen Nadel aus Pferdeknochen geprüft.

Vulcano-Schinken

Der Vulcano-Schinken wird im oststeirischen Vulkanland von einem Zusammenschluss traditioneller Bauernhöfe in Handarbeit produziert und zählt zu den Geheimtipps unter Schinkenliebhabern. Er wird von einer eigens mit alten Landrassen eingekreuzten Schweinerasse hergestellt. Die Fütterung mit einer abgestimmten Getreidemischung und den in der Steiermark beheimateten steirischen Kürbiskernen verleiht dem Produkt seine besondere Charakteristik. Die Reifung der Schinken erfolgt mindestens sechs Monate.

Schinken hauchdünn aufgeschnitten
Foto: © LK Steiermark, Genussregion Vulkanlandschinken

Herzhafter Rohschinken mit ausgeprägtem Fettanteil Foto: © LK Steiermark / Franz Suppan

Vulcanoschinken in der Reifekammer
Foto: © LK Steiermark, Genussregion Vulkanland Schinken

HINWEISE FÜR SCHINKENLIEBHABER

Um die Qualität von Rohschinken durch die Lagerung im Haushalt nicht zu mindern, sollte der Konsument und Schinkenliebhaber gewisse Regeln beachten, die für den Kenner selbstverständlich sind:

- Rohschinken wird am besten im Kühlschrank bei einer Temperatur zwischen 4 und 10 °C gelagert.
- Gelagert sollte der Schinken in einem geräumigen, dicht verschließbaren Vorratsbehälter aus lebensmittelechtem Kunststoff werden. Bei dieser Lagerungsform kann der Schinken „atmen", und eine mögliche Schimmelbildung wird vermieden. Die Lagerung des Schinkens darf auf keinen Fall offen im Kühlschrank erfolgen, um eine übermäßige Austrocknung und die Annahme von Fremdgerüchen zu vermeiden.
- Rohschinken muss für die Entwicklung seines unverwechselbaren Geschmacks hauchdünn aufgeschnitten werden. Dies erfordert ein Schinkenmesser mit langer, schmaler, äußerst scharfer Klinge oder eine professionelle Aufschnittmaschine.
- Rohschinken im Stück sollte nie auf einmal aufgeschnitten werden, sondern immer nach Bedarf.
- Zum Einwickeln eignet sich eine lebensmittelechte, fettabstoßende Küchenfolie; Aluminiumfolien sind nicht geeignet.
- Aufgeschnittener Rohschinken aus Vakuumverpackungen sollte nach dem Öffnen innerhalb einer Woche verbraucht werden.
- Rohschinken sollte immer bei Raumtemperatur (14–22 °C) verzehrt werden. Dem Produkt sollte nach der Entnahme aus dem Kühlschrank fünf bis zehn Minuten Zeit gegeben werden, um die Raumtemperatur zu erreichen. Erst dann kann er sein Aroma optimal entfalten und erhält im Aussehen einen schönen seidenen Glanz, der vom fein strukturierten, mit freiem Auge kaum sichtbaren intramuskulären Fett stammt. Bei zu hohen Temperaturen (über 25 °C) allerdings beginnt Rohschinken zu schwitzen und verliert seine zarte Konsistenz.

Aufschneiden von Rohschinken mit der Hand. Foto: © Wagner

DIE TECHNOLOGIE DES PÖKELNS

Das Salzen und Pökeln von Fleisch und Fleischwaren zählt zu den ältesten Konservierungsverfahren für Lebensmittel überhaupt (China: 2200 v. Chr.) und war jahrhundertelang auch in Europa die einzige Möglichkeit, Lebensmittel für längere Zeit haltbar zu machen. In fast jedem bäuerlichen Haushalt gab es ein Salz- bzw. Pökelfass, in dem Fleischprodukte eingelagert wurden.

Was ist Pökeln?

Das Österreichische Lebensmittelbuch definiert die Technologie des Pökelns folgen-

Beim Trockenpökeln wird das Salz ins Fleisch einmassiert. Foto: © shutterstock.com/Kitreel

dermaßen: „Unter Pökeln versteht man ein Verfahren, bei dem durch die gleichzeitige Anwendung von Kochsalz, Pökelstoffen und allenfalls Umrötehilfsmitteln neben einer konservierenden Wirkung auch eine dauerhafte Umrötung des Fleisches erreicht wird." Es ist falsch, in der Pökelung eine reine Konservierungsmethode zu sehen, denn ohne die begleitenden Reifungsvorgänge durch bakteriologische und biochemische Prozesse würden die gewünschten sensorischen Eigenschaften, wie Farbe, Konsistenz, Saftigkeit und das spezifische Pökelaroma, nicht entstehen. Durch die Pökelung soll daher nicht nur die Haltbarkeit verlängert, sondern vor allem Farbe, Aroma und Konsistenz der Produkte sollen verbessert werden.

Der Pökelprozess besteht aus zwei Phasen

Phase 1

In der so genannten 1. Pökelphase ist das Fleisch von kristallinem (Trockenpökelung) oder gelöstem (Nasspökelung) Salz umgeben, wobei die Salzkonzentration außen naturgegeben höher ist als im Inneren des zu pökelnden Produkts. In der 1. Pökelphase erfolgt ein Austausch von Salz von außen nach innen. Im Gegenzug diffundiert Fleischsaft (Wasser, gelöstes Eiweiß, Fleischinhaltsstoffe) nach außen. Bei der langsameren Naturpökelung (keine schnelle Spritzpökelung) kann diese 1. Pökelphase, je nach Größe und Gewicht des zu pökelnden Produkts bei einer Temperatur von 4–6 °C 1–3 Wochen dauern. In dieser Zeit gehen im Produkt vielfältige physikalische, chemische und biochemische Veränderungen vor sich, welche die oben beschriebenen typischen Pökeleigenschaften ergeben.

Phase 2

In der 2. Pökelphase, die auch als „Durchbrennen" bezeichnet wird, wird von außen kein Salz mehr gegeben. Hier wird das Produkt aus der Pökellake bzw. dem Pökelbehältnis genommen. Dadurch erfolgt eine gleichmäßige Verteilung von Salz und Pökelstoffen im Inneren des Produkts, und die unterschiedliche Salzkonzentration zwischen Kern und Rand gleicht sich aus. Das Durchbrennen verstärkt das Aroma, stabilisiert die Pökelfarbe und lässt das Fleisch vor allem durch Reifungs- und Fermentationsvorgänge mürbe und zart werden. Die 2. Pökelphase kann, je nach verwendeter Technologie, fast ebensoviel Zeit in Anspruch nehmen wie das Pökeln selbst bei der etwas höheren Temperatur von 6–8 °C. Der Vorgang des Durchbrennens erfolgt auf einer hygienisch sauberen Unterlage aus Edelstahl oder lebensmittelechtem Kunststoff. Auch größere Wannen können verwendet werden.

Das „Durchbrennen" selbst kann natürlich auch im Zuge des anschließenden Räucherns erfolgen, während „Trocknen" ein Prozess der abschließenden Reifung ist, bei dem die entsprechenden Produkte auf einen bestimmten Wassergehalt abtrocknen.

TIPP

Bei Produkten, die immer wieder einen grauen Kern aufweisen, d. h., nicht bis ins Innere durchgepökelt sind, sollte neben einer Erhöhung der Salzschärfe in der Lake auch die Zeitdauer des Durchbrennens erhöht werden. Ein solcher Kern weist auf eine nicht ausreichende Salzkonzentration im Inneren des Produkts hin, wodurch es zu einem Verderb des Produkts kommen kann.

DIE PÖKELSTOFFE UND IHRE WIRKUNG

Grundsätzlich wird zwischen Salzung und Pökelung unterschieden. Zum Salzen wird reines Kochsalz (auch Meersalz) verwendet, während für die Pökelung neben Kochsalz auch noch so genannte Pökelstoffe zum Einsatz kommen.

Die Wirkung des eingesetzten Salzes beruht unter anderem auf der Senkung der Wasseraktivität (aw-Wert) des Produkts. Die Wasseraktivität ist eine Funktion des im Produkt vorhandenen freien Wassers. Durch eine entsprechende Salzgabe wird Wasser gebunden bzw. entzogen und steht bestimmten Mikroorganismen zum Wachstum nicht mehr zur Verfügung. Der Trockenverlust beschreibt den Gewichtsverlust des Produkts durch Wasserentzug im Laufe von Pökelung und Reifung.

Wird Fleisch nur mit Kochsalz und ohne den Einsatz von Pökelstoffen gepökelt, findet keine Stabilisierung des Muskelfarbstoffs Myoglobin statt. Solche Produkte weisen nicht das typische Pökelrot auf und vergrauen an der Luft durch Oxidationsprozesse sehr schnell. Außerdem sind solche Produkte mikrobiologisch weniger stabil, da die Pökelstoffe auch eine gewisse keimhemmende Wirkung aufweisen, besonders gegenüber dem gefährlichen Keim *Clostridium botulinum*.

Welche Pökelstoffe werden verwendet und wofür braucht man sie?

Als Pökelstoffe finden entweder Salpeter (Kaliumnitrat) oder Nitrit (Natrium- oder Kaliumnitrit) Verwendung. Nicht angewendet werden Pökelstoffe allerdings bei Pro-

Nitritpökelsalz wird mit den Gewürzen vermischt
Foto: © Wagner

dukten, bei denen nur Kochsalz verwendet wird, wie bei Faschiertem und Zubereitungen aus faschiertem Fleisch.
Während durch eine ausreichende Salzung eine gewisse Konservierung unter gegebenen Hygienestandards erreicht wird, sind Pökelstoffe vor allem für den Umrötungsprozess verantwortlich, damit die gewünschte stabile Pökelfarbe erreicht wird. Beim chemischen Verlauf der Umrötungsreaktion wird der Muskelfarbstoff Myoglobin (Mb) in Stickoxidmyoglobin (MbNO) umgewandelt, was einen Farbwechsel des Fleisches von Purpurrot nach Leuchtendrot (Pökelrot) hervorruft.

Als Ausgangsreaktion wird Nitrit (NO_2^-) zu Stickoxid (NO) reduziert, das Stickoxid reagiert dann mit dem Myoglobin (Mb) des Muskels zu Stickoxidmyoglobin (MbNO). Diese Reaktion kann nur in ausreichend saurem Milieu vor sich gehen.

Nach dem Erhitzen bildet sich das stabile Pökelrot, wie z. B. bei Kochschinken, als Stickoxidmyochromogen (NO-Myochromogen). Bei Frischfleischqualitäten mit hohen End-pH-Werten (> 6,4) ist eine Reduktion von Nitrit zu NO nicht möglich (DFD-Fleisch).

Haltbarkeit der Pökelfarbe

Eine wirksame Pökelung kann nur bei einwandfrei gereifter Frischfleischqualität den gewünschten Erfolg bringen, d. h. bei Frischfleischqualität mit pH-Werten von etwa 5,5–6,0. Aber auch gepökeltes PSE-Fleisch weist im erhitzten Zustand eine blassere Farbe im Vergleich zu Pökelwaren aus normalem Fleisch auf. Werden richtig gepökelte Produkte zum Verzehr aufgeschnitten, muss die Pökelfarbe auch unter dem Einfluss von Sauerstoff und Licht eine bestimmte Zeit erhalten bleiben. Produkte, die ohne Pökelstoffe hergestellt wurden, weisen keine schöne Produktfarbe auf und vergrauen im Gegensatz zu gepökelten Produkten sofort unter dem Einfluss von Sauerstoff und Licht.

HINWEIS

Die Pökelstoffe sind hauptsächlich für die Umrötung verantwortlich. Produkte ohne Pökelstoffe vergrauen in einer hellen Umgebung und an der Luft.

Nitritpökelsalz

Nitritpökelsalz ist ein ausschließlich aus Salz und Natrium (E 250) oder Kaliumnitrit (E 249) bestehendes gleichmäßiges Gemisch, das höchstens 0,6 und mindestens 0,4 Hundertteile $NaNO_2$ und/oder $KaNO_2$ (berechnet als $NaNO_2$) enthält. Nitritpökelsalz kommt als fertige Salz-Nitrit-Mischung in den Handel und darf vom Anwender nicht selbst gemischt werden.

Nach dem Österreichischen Lebensmittelbuch kann Nitrit bis zu einer Konzentration von 150 mg/kg dem Produkt zugesetzt werden. Das Endprodukt darf als Restmenge nicht mehr als 100 mg/kg Natriumnitrit enthalten. Nitritpökelsalz findet im Besonderen bei erhitzten Fleischwaren Anwendung. Da hier das Nitrit direkt, das heißt ohne bakteriellen Abbau, wirkt, dauert die Nitritpökelung wesentlich kürzer als eine Pökelung mit Salpeter.

TIPP

Damit die Pökelung ohne Probleme gelingt, sollte Nitritpökelsalz immer möglichst frisch verwendet und daher in kleinen Mengen gekauft werden, da es leicht überlagert werden kann und damit nicht mehr verwendbar ist.

Kaliumnitrat (Salpeter)

Kaliumnitrat (E 251) wird in einer Mischung mit Kochsalz zum Pökeln von Rohschinken (ausgenommen Lachsschinken, der nur mit Nitritpökelsalz gepökelt wird) und Rohwürsten verwendet. Kaliumnitrat (Salpeter) wird entweder vom Verarbeitungsbetrieb selbst zum Kochsalz gemischt oder kann auch in fertigen Mischungen mit Kochsalz im Handel bezogen werden. Salpeter kann bis zu einer Konzentration von 300 mg/kg Produkt zugesetzt werden. Das Endprodukt darf als Restmenge nicht mehr 250 mg/kg Kaliumnitrat enthalten.

Kaliumnitrat oder Nitrit

Kaliumnitrat muss für seine Umrötungswirkung zuerst von denitrifizierenden Bakterien zu Nitrit reduziert werden. Da Kaliumnitrat, im Gegensatz zur direkten Wirkung von Nitritpökelsalz, noch mikrobiell zu Nitrit umgewandelt werden muss, dauert eine Pökelung mit Salpeter wesentlich länger als mit Nitritpökelsalz.

Obwohl durch Nitrit- und Nitratpökelung der gleiche Effekt erzielt wird, bestehen doch Unterschiede in der sensorischen Eigenschaft der Endprodukte, wobei der mildere Geschmack der nitratgepökelten Produkte auch durch die längere Reifung erzielt wird.

Die gleichzeitige Anwendung von Nitritpökelsalz und Salpeter ist nur bei Rohschinken im Stück mit über 3 kg Gewicht zulässig, wobei das Mischungsverhältnis höchstens ein Teil Kaliumnitrat auf 100 Teile Nitritpökelsalz beträgt.

Umrötehilfsmittel

Umrötehilfsmittel dienen zur Beschleunigung der Umrötung, der Stabilisierung der Pökelfarbe sowie der Verhinderung einer etwaigen Nitrosaminbildung. Als Umrötehilfsmittel kommen vor allem Natriumascorbat (E 301) und Glucono-delta-Lacton (GdL, E 575) zur Anwendung. Beide Umrötehilfsmittel werden auch in Mischungen mit anderen Zusatzstoffen und Lebensmitteln (z. B. Glucose, Saccharose, Kochsalz, Gewürze) in Packungen, deren Inhalt für eine bestimmte Fleisch- oder Brätmenge vorgesehen ist, verkauft. Natriumascorbat beschleunigt durch den sofortigen Abbau der salpetrigen Säure die Freisetzung von Stickoxid, das mit dem Muskelmyoglobin reagiert und so zur gewünschten Umrötung führt.

Abbildung 6: Der Prozess der Umrötung

1 $KNO_3 \rightarrow KNO_2$
Kaliumnitrat wird durch bakteriellen Abbau zu Kaliumnitrit abgebaut.

2 $KNO_2 \rightarrow NO$
Kaliumnitrit wird chemisch zu Stickoxid umgewandelt.

3 NO + Myoglobin → NO-Myoglobin
Stickoxid reagiert mit dem Myoglobin des Muskels zu Stickoxidmyoglobin (Pökelrot).

4 Erhitzen → NO-Myochromogen
Werden gepökelte Waren erhitzt, bildet sich kochfestes Pökelrot (Stickoxidmyoglobin).

Verschiedene Gewürze in luftgeschützter Verpackung. Foto: © Wagner

Dosierung

Die Dosierungsangabe ist so zu wählen, dass die Zusatzmenge an Natriumascorbat pro 100 kg Gesamtmasse mindestens 50 g, berechnet als Ascorbinsäure, beträgt. Ascorbinsäure darf der Pökellake nicht direkt zugegeben werden, da es zu einer Reaktion mit Nitrit und zu einem damit verbundenen Nitritverlust kommt. Bei einer ausschließlichen Trockenpökelung ist kaum ein Effekt von Vitamin C zu erwarten. Die Verwendung von Natriumascorbat darf nicht als Vitaminzusatz deklariert werden. Glucono-delta-Lacton (GdL) ist ein Zuckerstoff, der mit Wasser zu Gluconsäure umgewandelt wird. Die dadurch entstehende rasche Säurewertsenkung wirkt sich positiv auf die Umrötung aus.

WICHTIG!

Ascorbinsäure darf der Pökellake nicht direkt zugegeben werden!

Gewürze

Bei jeder Form der Pökelung können je nach Geschmacksvorlieben verschiedene Gewürze mitverwendet werden (Knoblauch, Pfefferkörner, Nelken, Wacholder, Lorbeer, Muskatblüte, Majoran, Rosmarin, Piment etc.), aber auch fertige Gewürzmischungen können im Handel bezogen werden.

Gewürze müssen, um für eine Pökelung von rohem Fleisch in Frage zu kommen, bestimmte mikrobielle Eigenschaften erfüllen, d. h., sie sollten möglichst keimfrei sein. Gewürze aus dem eigenen Garten können unter Umständen sehr keimbelastet sein

Verschiedene Gewürze (Lorbeerblätter, Wacholderbeeren, Knoblauch, Koriander, Kümmel) verleihen den Räucherprodukten ihren einzigartigen Geschmack. Foto: © Wagner

und somit eine große Anzahl von Schadkeimen in den Pökelprozess bringen. Dadurch kann die Fermentation empfindlich gestört werden, was sogar zu Fehlfabrikaten führen kann. Werden dennoch eigene Gewürze verwendet, müssen diese vor Gebrauch mit der Pökellake abgekocht werden.

Die Gewürze können entweder völlig unverändert oder gemahlen direkt in der Salzlake aufgekocht werden, oder es besteht auch die Möglichkeit, diese in einem Leinenbeutel der Lake zuzugeben. Gewürzpackungen sollten nach dem ersten Gebrauch sofort wieder dicht verschlossen an einem trockenen Ort gelagert werden. Die Entnahme sollte nicht mit den Fingern, sondern nur mit einem sauberen Löffel erfolgen.

Starterkulturen

Die Pökelung stellt sowohl einen mikrobiellen als auch einen chemischen Prozess dar. Dabei ist es wichtig, dass sich die „richtige“ Reifeflora (gewünschte Keime) auf dem Pökelgut durchsetzt und es zu keinem Verderbnis kommt. Viele Pökelfehler, wie z. B. ein lakiger Geruch und Geschmack im Endprodukt, sind auf eine nicht so genau genommene Pökelhygiene und auf unerwünschte Schadkeime zurückzuführen.

Um die Reifung gleich zu Beginn der Pökelung in die gewünschte Richtung zu lenken, können so genannte Starterkulturen eingesetzt werden. Starterkulturen sind Pökelkeime, die eine sofortige Senkung des Säurewerts (pH-Wert) bewirken und damit die Vermehrung möglicher Schadkeime weitgehend verhindern. Starterkulturen für verschiedene Anwendungen in der Fleischverarbeitung sind als gefriergetrocknetes Trockenpulver (in Folien eingeschweißt) im Fleischereibedarfhandel erhältlich.

PÖKELMETHODEN

Für die Pökelung werden hygienisch einwandfreie Behältnisse benötigt, die gegen Verunreinigungen zugedeckt werden, aber nicht hermetisch verschlossen werden dürfen. Die Pökelbehältnisse sollten nicht direkt auf dem Boden, sondern erhöht gelagert werden. Waren in früheren Zeiten noch Pökelfässer aus Holz üblich, werden heute aus hygienischen und reinigungstechnischen Gründen lebensmittelechte Kunststoffbehältnisse verwendet.

Hygiene

Da der Prozess der Pökelung eine Manipulation mit frischem Fleisch bedeutet, muss auf eine äußerst penible Personalhygiene geachtet werden. Eine eigene Arbeitsschürze, Kopfbedeckung und das gründliche Waschen der Hände vor Arbeitsbeginn gehören zum Hygienestandard. Die Pökelung sollte bei einer Temperatur von maximal 5 °C durchgeführt werden. Im Gegensatz zur landläufigen Meinung verzögern Temperaturen im Bereich von 3–5 °C weder die Diffusionsgeschwindigkeit der Salze noch die chemischen Reaktionen beim Pökelprozess. Im Gegensatz dazu verringert sich das Risiko des mikrobiellen Verderbs im Vergleich zur Pökelung bei z. B. 8 °C um ein Vielfaches.

Grundsätzlich unterscheidet man zwischen drei verschiedenen Arten der Pökelung:

- Trockenpökelung
- Nasspökelung
- gemischte Pökelung

Im Falle der Nasspökelung sind als Schnellpökelmethoden das Muskel- oder Gewebespritzverfahren, das Aderspritzverfahren, die Vakuumpökelung, die Ultraschallpökelung sowie das Poltern oder Tumbeln üblich. Die Schnellpökelverfahren werden vor allem in der gewerblichen und industriellen Verarbeitung angewandt und werden hier nicht näher erläutert.

TIPP

Größere Fleischstücke sollten einen Tag vor dem Trockenpökeln mit Kochsalz eingerieben und beschwert werden, damit diese unter leichtem Druck ablaken können. Mögliches Restblut wird so weitgehend entfernt.

Die Trockenpökelung

Als Trockenpökelung wird ein Verfahren bezeichnet, bei dem die Pökelstoffe (Nitritpökelsalz, Salz vermischt mit Salpeter) trocken in die Fleischstücke eingerieben werden. Ein Zusatz von Gewürzen und Zucker ist möglich. Trockenpökelung ist die gängige Methode für die Herstellung des klassischen Rohschinkens.

Je nach Größe der Fleischstücke kann die Trockenpökelung zwischen zwei und sechs Wochen betragen. Zur Trockenpökelung werden nur gut ausgekühlte Fleischstücke verwendet, die auch eine ausreichende Fleischreifung und die damit einhergehende ph-Wert-Senkung aufweisen. Besonders wichtig ist, dass sich keine Blutreste mehr in den Adern befinden.

Trockenpökelung von Schinkenstücken. Foto: © Wagner

Einreiben der Fleischstücke

Das Einreiben der Fleischstücke mit den Pökelstoffen erfolgt auf einer sauberen Arbeitsunterlage. Dabei ist besonders darauf zu achten, dass das Salz richtig in das Fleisch eingearbeitet und einmassiert wird und Furchen sowie die Verbindungsstellen von Knochen und Fleisch besonders sorgfältig eingesalzen werden, da diese Stellen besonders anfällig für den Befall von unerwünschten Mikroorganismen sind. Beim Trockenpökeln sollte vor allem grobes Salz verwendet werden, da dieses besser in das Fleisch eingearbeitet werden kann.

Nach dem Einreiben werden die Fleischstücke kräftig geschüttelt, damit das überschüssige Salz abfällt. Für das Trockenpökeln muss ein Rost mit einem Abstandshalter vom Boden, am besten aus Edelstahl oder lebensmittelechtem Kunststoff, in die Pökelwanne gelegt werden, damit der entstehende Fleischsaft ungehindert abfließen kann und die eingepökelten Produkte nicht überdeckt. Die mit Salz eingeriebenen Fleischstücke werden mit der Schwartenseite nach unten dicht gepackt auf den Rost gelegt und zwischen den einzelnen Lagen mit dem restlichen Salz bestreut.

TIPP

Grobes Salz kann besser in das Fleisch eingerieben werden. Trocken eingepökelte Produkte sollten am Anfang im Abstand von 3–4 Tagen umgesetzt werden, d. h., die unteren Fleischstücke werden nach oben, die oberen nach unten verlagert. Dadurch wird eine erhöhte Salzkonzentration bei den unteren Fleischstücken vermieden.

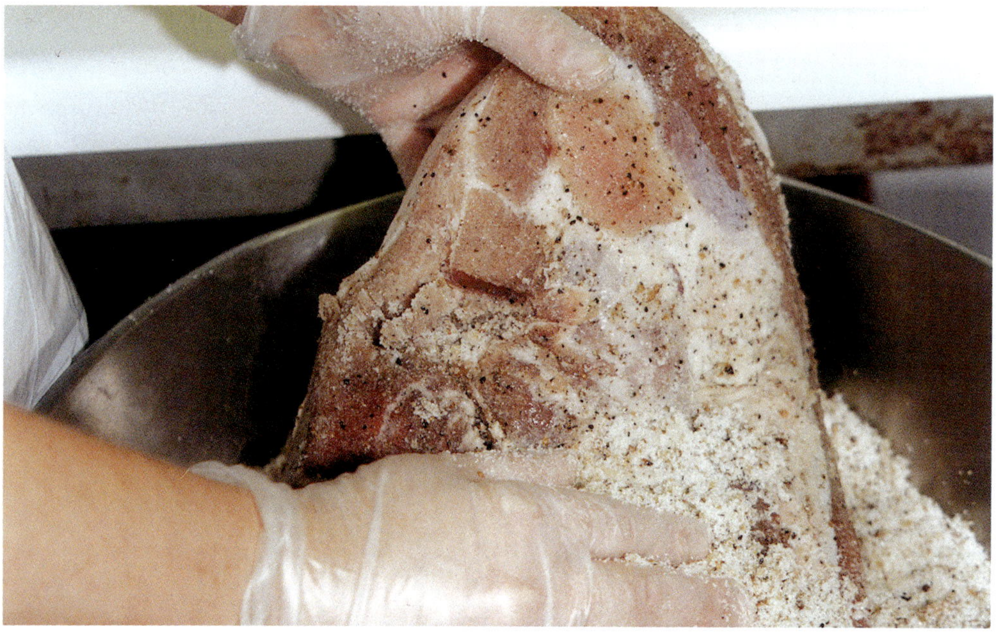

Trockenpökelung: Ein Schinkenstück wird mit grobem Pökelsalz und Gewürzen eingerieben.
Foto: © Wagner

HINWEIS

Legen Sie Trockenpökelware auf einen Rost, damit entstehender Fleischsaft ungehindert abrinnen kann.

Grundrezept der Trockenpökelung

Als Grundrezept für das Trockenpökeln berechnet man ca. 50 g Salz (Nitritpökelsalz, Salz mit Salpeter) und 1 g Zucker pro kg Fleisch. Die verwendeten Gewürze haben den oben beschriebenen Anforderungen zu entsprechen und werden nach persönlicher Vorliebe eingesetzt. Da das Salz je nach Feuchtigkeitsgehalt und Aufnahmevermögen des Fleisches schmilzt und abtropft, kann von Zeit zu Zeit neu nachgesalzen werden. Dabei muss aber auf eine mögliche Salzüberdosierung Acht gegeben werden.

Die erforderliche Salzmenge kann bei Einhaltung niedriger Temperaturen bis auf 35 g pro Kilo Fleisch herabgesenkt werden. Es muss aber eine ausreichende Abtrocknung (Senkung des aw-Werts) stattfinden können. Vor allem für die Pökelung von Wild und Rindfleisch werden niedrigere Salzmengen eingesetzt als z. B. für die Herstellung des Schweizer „Bündner Fleisches“.

Auch bei der Trockenpökelung sollte die 2. Pökelphase, das Durchbrennen, durchgeführt werden, um eine gleichmäßige Salzverteilung im Fleisch zu erzielen. Außerdem bekommt das Fleisch auch eine festere Konsistenz sowie eine gleichmäßigere Farbe und wird mürber. Das Durchbrennen der gepökelten Fleischstücke erfolgt bei 6–8 °C für 2–7 Tage auf einer sauberen Arbeitsoberfläche. Die Luftfeuchtigkeit im Brennraum sollte möglichst gering gehalten werden (unter 75 %).

Gewünschter Salzgehalt

Zu hohe Salzkonzentrationen im Endprodukt sind technologisch nicht notwendig und beeinträchtigen die ernährungsphysiologischen und sensorischen Eigenschaften eher negativ. Vor der 2. Pökelphase können die fertig gepökelten Fleischstücke, je nach Salzgehalt und Größe der Fleischstücke, noch über Nacht (8–10 Stunden) in frischem fließenden Wasser gewässert werden. Die Zulaufmenge des Wassers richtet sich nach der Anzahl der gepökelten Produkte, die gewässert werden sollen. Während dieser Zeit kehrt sich die Diffusionsrichtung des Salzes in den Produkten um, und die Möglichkeit von stark übersalzenen Randbereichen, vor allem bei größeren Fleischstücken, wird auf diese Weise wirksam vermieden.

Die Nasspökelung (Lakepökelung)

Ähnlich wie beim Trockenpökeln werden bei der Nasspökelung die Fleischstücke am Anfang auch mit der Pökelsalzmischung und eventuell mit Gewürzen eingerieben und anschließend in den Pökelbehälter geschlichtet. Nur erfolgt hier ein sofortiger Aufguss mit einer fertigen, genau eingestellten Pökellake. Der Aufguss soll so vorgenommen werden, dass das Salz von den Fleischstücken nicht abgespült wird. Die Stärke der Lake (Salzschärfe) wird in Lakeprozent oder in Beaumé-Graden (°Bé) angegeben. Die Salzschärfe bei der Nasspökelung sollte zwischen 12 und 15 Lakeprozent bzw. °Bé liegen.

WICHTIG

Nehmen Sie den Aufguss so vor, dass das Salz nicht von den Fleischstücken abgespült wird.

Nasspökelung Foto: © Wagner

Größe der Fleischstücke

Bei der Nasspökelung erfolgt ein intensiver Austausch zwischen Salzlake und Fleischsaft. Die Nasspökelung ist vor allem für kleinere Fleischstücke geeignet (z. B. Lachsschinken) und dauert auch kürzer als eine klassische Trockenpökelung. Die durchschnittliche Pökeldauer ist abhängig von der Fleischgröße und kann mit ca. einer Woche angegeben werden.

Bei der Nasspökelung ist auch das Verhältnis von Lake und Fleisch von großer Bedeutung und sollte ca. 1 : 3 (Lake : Fleisch) betragen. Weder eine Unterpökelung mit zu wenig Lake noch eine Überpökelung mit zu viel Lake ergibt die gewünschte optimale Salzschärfe. Bei einem zu hohen Lakeanteil besteht die Gefahr, dass die Produkte zu salzig werden. Bei einem zu niedrigen Lakeanteil kann der Salzgehalt in der Lake sehr schnell abnehmen, und das Wachstum unerwünschter Mikroorganismen wird begünstigt.

TIPP

Achten Sie auf das Verhältnis von einem Teil Lake zu drei Teilen Fleisch. Bei genauem Einhalten der Salzschärfe kann auf das anschließende Wässern verzichtet werden. Die Stücke werden nach dem Durchbrennen nur für 30 Minuten mit klarem, kaltem Wasser abgespült, um einen möglichen „Salzausschlag" auf der Oberfläche zu vermeiden. Vor der Räucherung erfolgt das Abtrocknen des Räucherguts für ca. zehn Stunden.

Die gemischte Pökelung

Die gemischte Pökelung wird auch als Doppelpökelung bezeichnet und eignet sich ausgezeichnet für alle möglichen Fleischstücke bis ca. 4 kg, kann aber auch für die Herstellung von ganzen Schinken (Spalt- oder Kernschinken) verwendet werden. Bei der gemischten Pökelung erfolgt sowohl eine Trocken- als auch eine Nasspökelung.

Bei diesem Verfahren werden die Fleischstücke in einem ersten Schritt ca. eine Woche trocken gepökelt. Danach gibt es zwei Möglichkeiten der weiteren Durchführung.

Variante 1

Im ersten Fall wird die bei der Trockenpökelung entstandene Naturlake aufgefangen und zur Herstellung der Lake für die Nasspökelung mitgenutzt. Diese natürlich entstandene Lake wird auf eine Salzschärfe von ca. 8 Lakeprozent (°Bé) eingestellt.

Nach ca. der halben Pökelzeit wird diese verdünnte Lake über die gepökelten Fleischstücke gegossen und die restliche Zeit nass gepökelt. Eine weitere Möglichkeit besteht darin, dass die Naturlake nicht abfließen kann und langsam beginnt, die Fleischstücke zu bedecken. Um die Austrocknung der weiter oben liegenden Fleischstücke zu vermeiden, müssen diese regelmäßig umgesetzt werden.

Variante 2

In der zweiten Variante wird die Eigenlake nicht verwendet, sondern es wird eine neue Lake vorbereitet, mit der die Fleischstücke überschichtet werden. In diesem Fall beträgt die Lakekonzentration für die Nasspökelung, je nach Größe der Pökelstücke, zwischen 12 und 20 % Kochsalz.

Auf beide Verfahrensweisen folgt die 2. Pökelphase, das Durchbrennen. Wird auf die Durchbrennphase verzichtet, müssen die Produkte um diese Zeit länger in der Lake verbleiben.

Gemischte Pökelung. Foto: © Wagner

Die Herstellung der Pökellake

Lake besteht aus Wasser und einer bestimmten Menge Pökelsalz sowie dem Zusatz von Gewürzen nach Geschmack. Pökellaken müssen immer frisch angestellt werden. Eine frisch angestellte Lake ist beinahe geruchlos (bis auf die Gewürzzusätze). Nach einer bestimmten Zeit nimmt sie vom Fleisch eine gelbliche bis rötliche Farbe an, bleibt aber klar und hat einen angenehm aromatischen Geruch. Der Säurewert einer Pökellake sinkt mit zunehmendem Alter und Gebrauch von einem pH-Wert von über 7,0 auf pH-Werte um etwa 5,7.

TIPP

Für das Anstellen einer hygienisch sicheren Lake sollte das Wasser mit dem Pökelsalz und den Gewürzen kurz aufgekocht werden, damit mögliche Schadkeime in der Lake abgetötet werden. Eine solcherart hergestellte Lake darf erst nach vollständigem Abkühlen bei der erforderlichen Anstelltemperatur verwendet werden. Beachten Sie, dass der Säurewert der Pökellake mit zunehmendem Alter sinkt.

Pökellaken dürfen nicht trübe, kahmig oder schleimig sein und schon gar nicht übel riechen. Pökellaken, die in Zersetzung übergehen, beginnen zu schäumen. Bei Umschlagen der Pökellake liegt der pH-Wert über 7,0; das Verhältnis der Keimarten zueinander verschiebt sich, und die Keimzahl erhöht sich.

Bereits verwendete Pökellaken können ein weiteres Mal verwendet werden, wenn diese keine der oben genannten Merkmale aufweisen, also klar im Aussehen, reintonig und aromatisch im Geruch sind. Vor der Wiederverwendung muss auf jeden Fall die Salzschärfe gemessen und auf die gewünschten Pökelgrade mit frischem Pökelsalz neu eingestellt werden. Viele Praktiker geben einer einwandfreien, schon verwendeten Altlake den Vorzug, allerdings muss diese wirklich einwandfrei im Sinne der oben beschriebenen Kriterien beschaffen sein.

Mögliche Ursachen für das Umschlagen einer Pökellake sind:

- zu hohe Pökeltemperaturen
- übermäßige Temperaturschwankungen
- zu geringe Pökelsalzgehalte
- zu nährstoffreiche Laken (z. B. Zuckergehalt)
- zu keimhältige Rohmaterialien
- unsaubere Gerätschaften und Pökelgefäße

Lakemessgerät (Aräometer)

Zur Prüfung der richtigen Konzentration der Pökellake (Salzschärfe) bedient man sich eines Lakemessers (Aräometer), das das spezifische Gewicht der hergestellten Lake misst.

Da das spezifische Gewicht einer Flüssigkeit von deren Temperatur abhängt, ist jedes Aräometer auf eine bestimmte Temperatur geeicht, bei der auch die Messung der Salzschärfe einer Lake vorgenommen werden muss. Die geeichte Messtemperatur ist auf dem Gerät angeführt.

Das Lakemessgerät besteht aus einer Glasspindel, die am unteren Ende kugelförmig ausgebildet ist und zur Beschwerung eine geeichte Menge von Metallkügelchen enthält. Je tiefer das Aräometer in die Lake eintaucht, um so geringer ist deren Salzschärfe. Eine Skala auf der Glasspindel zeigt die genauen Salzgrade an. Reines Wasser zeigt den Wert null an.

Für die Berechnung der genauen Salzschärfe ist zu beachten, dass 1 kg Wasser zwar einem Liter Wasser entspricht, jedoch 1 kg Salz nicht das Volumen von einem Liter Wasser hat. Aus diesem Grund muss in Gewichtseinheiten (kg) gerechnet werden. Mit den folgenden Formeln können die jeweiligen Werte einfach berechnet werden.

$$\text{Lakeprozent (°Bé)} = \frac{100 \times \text{Salzgewicht}}{\text{Lakegewicht}}$$

$$\text{Lakegewicht} = \frac{100 \times \text{Salzgewicht}}{\text{Lakeprozente}}$$

$$\text{Salzgewicht} = \frac{\text{Lakeprozent} \times \text{Lakegewicht}}{100}$$

Beispiele für die Lake-Berechnung:

Wieviel kg Salz muss man zu 20 Litern Wasser geben, um eine 12-prozentige Lake zu erhalten?

Wasseranteil in Prozent + Salzanteil in Prozent = 100

Bei einer 12-prozentigen Lake ist der Salzanteil 12 %.

88 % .... 20 kg Wasser

12 %............... x kg Salz

$$X = \frac{20 \times 12}{88} = 2{,}72 \text{ kg Salz}$$

TIPP

Als einfache Faustregel gilt, dass eine Lake in etwa soviel-gradig (prozentig) ist, als der Pökelsalzanteil in der gesamten Lake ausmacht. Beispiel: Zehn Liter 12-gradige Lake = 8,8 Liter Wasser + 1,2 kg Nitritpökelsalz

Einstellen der Salzschärfe mit dem Lakemessgerät: Je tiefer das Aräometer in die Lake eintaucht, um so geringer ist die Salzschärfe. Foto: © Wagner

Wieviel Liter Wasser muss man zu 10 kg Salz geben, um eine 15-prozentige Lake zu erhalten?

Bei einer 15-prozentigen Lake ist der Salzanteil 15 %.

15 % .... 10 kg Salz
85 % .... x kg Wasser

$$X = \frac{10 \times 85}{15} = 56 \text{ Liter Wasser}$$

Für die Pökelung brauchen Sie 10 kg einer 12-prozentigen Lake. Wieviel kg Salz und wieviel Liter Wasser sind dazu erforderlich?

Bei einer 12-prozentigen Lake sind in 100 kg Lake 12 kg Salz enthalten.

100 kg Lake .... 12 kg Salz
10 kg Lake .... x kg Salz

$$X = \frac{12 \times 10}{100} = 1{,}2 \text{ kg Salz}$$

10 kg Lake – 1,2 kg Salz = 8,8 kg Wasser

DIE PÖKELDAUER

Bei der Pökelung erfolgt nicht nur die Konservierung von Fleisch durch den Einsatz von Pökelsalz, sondern auch eine Reifung durch die so genannte Pökelflora (verschiedene Bakterien).

Die Pökeldauer ist von mehreren Faktoren abhängig und kann daher nicht pauschal für alle Produkte festgelegt werden. Eine zu kurze Pökeldauer zeigt sich in der unvollständigen Umrötung, vor allem im Kernbereich, was auch zu einer geringeren Haltbarkeit führt. Zu kurz gepökelten Fleischwaren fehlt auch das typische Pökelaroma, das sich über die Pökelzeit hinweg bildet. Solche Produkte weisen einen unerwünschten „grünen" Geschmackston auf.

Lagert Fleisch zu lange und vor allem bei zu hohen Temperaturen (über 6 °C) in der Lake kann es zu einem „Umschlagen" der Pökellake kommen: Unerwünschte Keime können sich vermehren, die Pökellake wird trüb und unansehnlich, das Fleisch kann verderben. Solche Produkte weisen einen übermäßig „lakigen", unfeinen Charakter auf.

Während für kleinere Fleischprodukte (Hamburger, Osso Collo, kleine Schinkenteilstücke) eine Pökelzeit von ca. 10–14 Tagen ausreichend ist, werden größere Produkte, wie Schinken, zwischen 3–5 Wochen gepökelt.

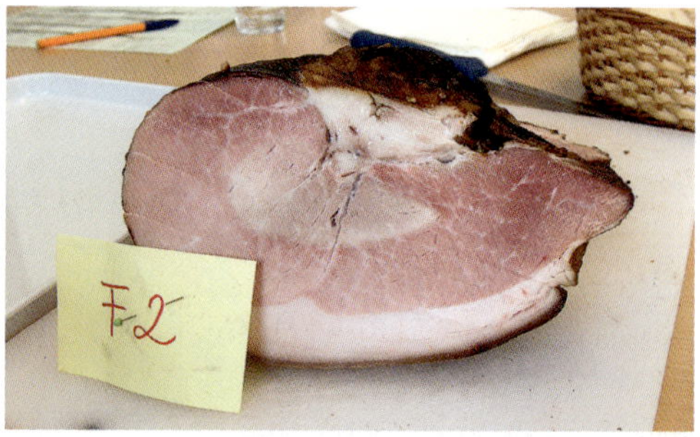

Fotos: © Wagner

Pökelfehler: Kernbildung

Die Pökeldauer wird beeinflusst durch:

- Art der Pökelung (trocken, gemischt, nass)
- Größe, Gewicht und Art der Fleischstücke
- Pökelsalzmenge bzw. Salzschärfe
- Pökeltemperatur

Tabelle 5: Empfohlene Pökel- und Durchbrenndauer von Pökelwaren (Pökelraumtemperatur 4–6 °C, Brennraumtemperatur 6–8 °C)

Pökelware	Pökeldauer	Durchbrenndauer
Schinken	21–42 Tage	4–10 Tage
Schinkenspeck	21 Tage	4 Tage
Lachsschinken, Schopf	14–18 Tage	3 Tage
Bündnerfleisch	14 Tage	3 Tage
Speck (Hamburger, Paprika)	10–14 Tage	2 Tage

EINTEILUNG UND HERSTELLUNG VON PÖKELWAREN

Nach dem Österreichischen Lebensmittelbuch (Auszug):

Je nach dem angewendeten Verfahren wird zwischen Kochpökelwaren und Rohpökelwaren unterschieden:

Kochpökelwaren

Kochpökelwaren sind spritzgepökelte oder nassgepökelte Fleischstücke, die nach der Pökelung (Surfleisch), nach einer darauf folgenden Heißräucherung (heißgeräucherte Pökelwaren), nach feuchter Erhitzung (gebrühte oder gedämpfte Pökelwaren) oder nach trockener Erhitzung (gebratene Pökelwaren) an den Verbraucher abgegeben werden. Bei Surfleisch und bei heiß geräucherten Pökelwaren nimmt in der Regel der Verbraucher die Durcherhitzung der Pökelwaren im Zuge der Zubereitung vor.

Foto: © Wagner

Herstellung von Kochpökelwaren im Dampfgargerät.

Einteilung der Kochpökelwaren

Surfleisch

Schlögel, Schulter, Schopf, Karree, Stelze, Bauch, Zunge

Presspökelwaren

Pressschinken, Pressschulter, Presskarree, Pressschopfbraten, Pressbauchfleisch (Presskaiserfleisch) u. dgl., ungeräuchert oder leicht angeräuchert, Toastschinken, Toastblock u. dgl., ungeräuchert. Alle in Netzen oder in Formen gekochten Schinkenprodukte zählen zu den Presspökelwaren.

Heißgeräucherte Pökelwaren

Selchroller, Rollschulter, Rollschinken, Teilsames, Selchkarree, Rollkarree, Selchschopf, Rollschopf, Selchstelze, Räucherzunge, Selchkarree, Selchschopf (jeweils mit eingewachsenen Knochen), Kaiserfleisch. Bei Teilsamen wird das sichtbare Fettgewebe entfernt, sofern das Teilsame nicht als „Teilsames mit Schwarte" bezeichnet wird.

Gebrühte, gebratene, gedämpfte oder anders durcherhitzte Pökelwaren

Beinschinken und ähnliche Produkte, Frühstücksspeck, Rinderschinken und andere Rinderpökelwaren (z. B. Pastrami). Für Schinken werden ausschließlich Schlögel oder Teile davon verwendet, für Rinderschinken Teile des Knöpfels. Schlögel oder Schlögelteile können auch nach Auslösen der Knochen in schinkenähnliche Formen gepresst und gekocht werden.

Unter „Beinschinken" wird üblicherweise der ganze Schlögel mit Stelze samt eingewachsenem Knochen und Schwarte verstanden. Toastschinken wird aus mageren Schlögelteilen zusammengesetzt. Toastblock und ähnliche Produkte sind aus mageren Schweinefleischteilen zusammengesetzt. Toastschinkenwurst oder Toastkrakauer entsprechen in ihrer Beschaffenheit Schinkenwurst bzw. Krakauer.

Herstellungsrichtlinien für Kochpökelwaren

Die Menge der eingespritzten oder beim Tumbeln (maschinelle Trockenpökelung) aufgenommenen Pökellake richtet sich nach der angewendeten Technologie und dem zulässigen Wasser-Eiweiß-Verhältnis des Endproduktes. Beim Erhitzen muss die Kerntemperatur 68 °C erreichen und mindestens 20 Minuten einwirken. Oligophosphate können bei Kochpökelwaren bis zu einem Ausmaß von 0,3 %, bezogen auf den Fleischanteil, zugesetzt werden.

Pressschinken
Foto: © LK Steiermark, Graz

Steirischer „Osterschinken" (geräuchertes Frikandeau, gebrüht) Foto: © LK Steiermark, Graz

Rohpökelwaren

Rohpökelwaren sind aus Schweinefleisch oder Rindfleisch hergestellte Fleischwaren, die trocken oder nass gepökelt, kalt geräuchert und je nach Art mehr oder weniger getrocknet werden. Rohpökelwaren sind zum Rohverzehr bestimmt.

Herstellungsrichtlinien

Rohpökelwaren aus Schweinefleisch

Die im folgenden angegebenen Fettanteile beziehen sich auf das Ausgangsmaterial. Bei einem anderen Fettgehalt ist der erforderliche Trockenverlust entsprechend höher oder geringer.

Schinkenspeck, Schulterspeck, Karreespeck und Schopfspeck werden aus den ihrer Bezeichnung entsprechenden Schweinefleischteilen mit anhaftendem Speck mit oder ohne Schwarte hergestellt. Bei Phantasiebezeichnungen dieser Art wird auf jeden Fall die Sachbezeichnung „Schinkenspeck", „Schulterspeck", „Karreespeck" oder „Schopfspeck" angegeben. Das Fleisch wird trocken gepökelt, kalt geräuchert und getrocknet. Der Trockenverlust soll bei 25 % Fettanteil des Rohproduktes etwa 30 % des Frischgewichtes betragen.

Herkunfts- und Qualitätsbezeichnung

Bei als Bauernschinkenspeck, Bauernschulterspeck, Bauernkarreespeck und Bauernschopfspeck oder Landschinkenspeck, Landschulterspeck, Landkarreespeck und Landschopfspeck bezeichneten Produkten beträgt bei gleichem Ausgangsmaterial wie oben der Trockenverlust etwa 40 % des Frischgewichtes. Die Zusatzbezeichnung „Bauern-" oder „Land-" ist bei Produkten dieser Art keine Herkunfts-, sondern eine Qualitätsbezeichnung.

Produktbezeichnungen

Rohschinken (Westfäler, Kaltrauchschinken u. dgl.) werden aus Schinken ohne Schale oder mit Schale (mit oder ohne Knochen) oder aus Teilstücken von Schinken hergestellt. Sie werden trocken gepökelt, kalt geräuchert und getrocknet. Der Trockenverlust soll bei 25 % Fettanteil des Rohproduktes etwa 25 % des Frischgewichtes betragen.

Bauchspeck wird aus Bauchfleisch hergestellt. Das Bauchfleisch wird trocken gepökelt, kalt geräuchert und getrocknet. Der Trockenverlust soll bei 40 % Fettgehalt des Rohproduktes etwa 22 % des Frischgewichtes betragen.

Hamburger (auch „Hamburger Speck") wird aus Bauchfleisch hergestellt. Das Bauchfleisch wird trocken gepökelt, kalt geräuchert und getrocknet. Der Trockenverlust soll bei 40 % Fettgehalt des Rohproduktes etwa 29 % des Frischgewichtes betragen.

Osso Collo wird aus Schopfbraten hergestellt. Der Schopfbraten wird trocken gepökelt, in Hüllen abgefüllt, kalt geräuchert und getrocknet oder lediglich getrocknet. Der Trockenverlust soll etwa 40 % des Frischgewichtes betragen.

Lachsschinken ist Magerfleisch aus dem Karree. Die Karreestücke werden nass gepökelt und nach Umhüllung mit Speckscheiben und Verschnürung leicht geräuchert. Eine Trocknung ist bei Lachsschinken nicht üblich.

Rohpökelwaren aus Rindfleisch

Bündner Fleisch wird aus sehnen- und fettarmen Fleischteilen aus dem Oberschenkel des Rindes (Knöpfel) hergestellt. Das Rindfleisch wird trocken gepökelt und getrocknet. Der Trockenverlust soll etwa 45 % des Frischgewichtes betragen.

Rohschinken, Osso Collo, Hamburger Speck und Lachsschinken (von links oben nach rechts unten)

Rindfleisch nach Bündner Art Foto: © LK Steiermark, Graz

DIE TECHNOLOGIE DES WURSTENS

Schon seit langer Zeit werden weltweit die verschiedensten Wurstarten erzeugt. In Europa hat vor allem die Erzeugung von Kochwürsten, wie Blut- und Leberwürsten, eine sehr lange Tradition. Die Herstellung der klassischen Rohwürste ist erst seit ca. 250 Jahren überliefert. Die Salami beispielsweise soll ursprünglich in Italien entstanden sein. Vor ca. 150 Jahren sollen zwei italienische Metzger nach Ungarn gekommen sein und dort die Produktion der berühmten ungarischen Salami eingeführt haben.

„Wintersalami“ und „Sommerwurst“

In früheren Zeiten konnten Rohwürste aus hygienischen und technologischen Gründen nur in der kalten Jahreszeit von Oktober bis März hergestellt werden. Begriffe wie „Wintersalami“ und „Sommerwurst“ weisen auf diesen Umstand hin. Der Begriff „Wintersalami“ wird heute noch in Ungarn für eine Rohwurst hoher Qualität mit langer Reifezeit (früher die Wintermonate) verwendet. Als „Sommerwürste“ wurden Würste bezeichnet, die im Winter hergestellt und für den Verzehr im Sommer haltbar gemacht wurden. Heute wird allgemein für Wurstsorten, die nicht gekühlt gelagert werden müssen, der Begriff „Dauerwürste“ verwendet.

Was sind Würste?

Im Österreichischen Lebensmittelbuch werden Würste folgendermaßen definiert:

„Unter Würsten werden Fleischwaren verstanden, die aus zerkleinertem Skelettmuskelfleisch und Fettgewebe (in der Regel Speck) unter Zusatz von Kochsalz und Gewürzen, bei bestimmten Wurstsorten auch unter Mitverwendung von Innereien, Blut, Salzstoß, Schwarten, Separatorenfleisch sowie unter Zusatz von Trinkwasser (Eis) ... und anderen, noch näher zu bezeichnenden Hilfs- und Zusatzstoffen hergestellt werden.

Die Wurstmasse wird sorgfältig in Därme gefüllt.
Foto: © Wagner

Die Wurstmasse wird in natürliche (Därme u. dgl.) oder künstliche Wursthüllen oder in Formen oder in Behältnisse abgefüllt und in der Regel weiteren, für die betreffende Wurstsorte charakteristischen Behandlungen (Räuchern, Erhitzen, Trocknen, Reifen) unterzogen."

Würste können nach der Zusammensetzung eingeteilt werden in:

- Brätwürste
- Fleischwürste
- Innereienwürste
- Blutwürste
- Sulzwürste

Würste können nach dem Herstellungsverfahren eingeteilt werden in:

- Brühwürste
- Kochwürste
- Rohwürste

Würste können nach der Haltbarkeit eingeteilt werden in:

- Frischwürste
- Halbdauerwürste
- Dauerwürste

Charakteristik von Brühwürsten

(Österreichisches Lebensmittelbuch, Auszug)

„Brühwürste werden durch Brühen, Backen, Braten oder auf andere Art hitzebehandelt. Zerkleinertes rohes Fleisch wird mit Kochsalz (‚weißes Brät') bzw. Nitritpökelsalz (‚rotes Brät') und verschiedenen Hilfsmitteln (z. B. Phosphaten), meist unter Zusatz von Eis (Trinkwasser), ganz oder teilweise aufgeschlossen."

Die Rohmasse für die Herstellung von Brühwürsten wird als Brät bezeichnet, es ist ein Zwischenprodukt bei der Fleischwarenherstellung. Bei der Brätherstellung geht unter dem Einfluss der Salze Muskeleiweiß in Lösung, wodurch bei der späteren Erhitzung die zusammenhängende Koagulation unter Einschluss des Fettes und des Wassers gewährleistet wird. Je nach der verwendeten Fleischsorte gibt es verschiedene Brätarten. Durch den Aufschluss und die Koagulation der Eiweiße bei der Herstellung von Brühwürsten sind diese bei erneutem Erhitzen schnittfest.

Inhaltsstoffe von Brühwürsten

Brühwürste und gebratene Würste sind aus Brät oder unter Mitverwendung von Brät und der Zugabe von Gewürzen hergestellte Würste, die einer Erhitzung unterzogen werden. Das Österreichische Lebensmittelbuch unterscheidet bei den Brühwürsten zwischen Brät- und Fleischwürsten. Während Brätwürste aus Brät unter Beimengung von fein zerkleinertem Speck hergestellt werden, enthalten Fleischwürste mehr oder weniger grob zerkleinertes, gepökeltes Fleisch und, je nach Wurstsorte, auch mehr oder weniger grob zerkleinerten Speck, wobei in der Regel der Zusammenhalt der Fleischeinlage durch Brät gewährleistet wird.

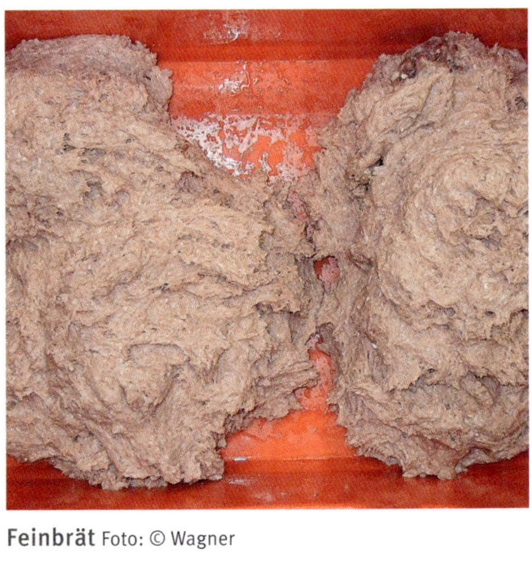

Feinbrät Foto: © Wagner

Charakteristik von Kochwürsten

(Österreichisches Lebensmittelbuch, Auszug)

„Kochwürste sind Wurstwaren, die vorwiegend aus vorgekochtem, teils auch gepökeltem Ausgangsmaterial unter Zugabe von Kochsalz und Gewürzen hergestellt und dann nochmals einer feuchten Erhitzung, eventuell auch einer Räucherung unterzogen werden."

Inhaltsstoffe von Kochwürsten

Als Ausgangsmaterial dienen Fleisch, Fettgewebe und je nach Art Innereien, Blut, Schwarten, Semmeln, Graupen u. dgl. In der Regel werden Leber und Fettgewebe lediglich vorgebrüht, Blut wird stets roh verarbeitet. Bei Kochwürsten wird der Zusammenhalt des fertigen Produktes entweder durch erstarrtes Fett (Streichwürste) oder durch gelatiniertes Kollagen (Sulzen) oder durch hitzekoaguliertes Bluteiweiß (Blutwürste) erzielt. Kochwürste besitzen in der Regel eine geringe Haltbarkeit und sind daher einem entsprechend baldigen Verbrauch zuzuführen.

Kochwurstzutaten vor dem Kuttern Foto: © Wagner

Charakteristik von Rohwürsten

(Österreichisches Lebensmittelbuch, Auszug)

„Rohwürste werden aus rohem Fleisch und Speck unter Zugabe von Salpeter und Kochsalz oder Nitritpökelsalz sowie Umrötehilfsmitteln, Zucker- und Zuckerarten und Gewürzen hergestellt und gelangen in der Regel in unerhitztem Zustand zum Verzehr. Es werden schnittfeste und streichfähige Rohwürste unterschieden."

Schnittfeste Rohwürste

Schnittfeste Rohwürste werden nach meist vorausgegangener Kalträucherung einem längeren oder kürzeren Reifungs- und Trocknungsverfahren unterzogen, wobei sich die innere Bindung ausbildet. Durch mikrobielle Fermentierung wird gegebenenfalls Salpeter reduziert sowie eine Aromatisierung und in gewissem Umfang auch eine Säuerung bewirkt.

Bei nicht oder schwach geräucherten und längere Zeit gereiften Rohwürsten bildet sich auf der Hülle überdies ein charakteristischer Hefen- und Schimmelbelag aus (Salamiwürste). Stark geräucherte Rohwürste sind ohne Belag. Sie werden meist kürzere Zeit gereift als Salamiwürste. Bei schnellgereiften Rohwürsten ist im Allgemeinen die Säuerung stärker und die Haltbarkeit geringer als bei länger gereiften Rohwürsten.

Rohwürste im Reiferaum Foto: © Wagner

„Streichwürste"

Streichfähige Rohwürste sind dadurch gekennzeichnet, dass das Wurstgut im Allgemeinen fein zerkleinert ist und durch einen entsprechenden Gehalt an niedrigschmelzendem Fett die Streichfähigkeit gewährleistet wird, indem das Fett die Fleischteilchen umschließt. Streichfähige Rohwürste – ausgenommen Zwiebelmettwurst – werden stets kalt geräuchert, jedoch nicht gereift oder getrocknet. Sie sind zum alsbaldigen Verzehr bestimmt.

DIE ROHMATERIALIEN FÜR DIE WURSTHERSTELLUNG

Jede der beschriebenen Wurstsorten verlangt ihre spezifische Rohproduktqualität, besonders aber die Herstellung von Roh- und Brühwürsten. Bei Kochwürsten spielt die unterschiedliche Fleischqualität eine nicht so große Rolle wie bei Roh- und Brühwürsten. Das Fleisch für die Brühwursterzeugung muss andere Eigenschaften aufweisen als das Fleisch, das zur Herstellung von Rohwürsten verwendet wird.

Welches Fleisch wird verwendet?

Fleisch zur Rohwursterzeugung soll gut gereift, trocken und fest sein und kann auch von älteren Tieren stammen. Bei der Brühwursterzeugung ist hingegen mageres Fleisch jüngerer Tiere zu verwenden.

Während für die Rohwurstverarbeitung nur gut gereiftes, ausgekühltes Fleisch mit einem pH-Wert von unter 5,8 in Frage kommt, ist für die Brühwursterzeugung das schlachtwarme Fleisch mit einem pH-Wert von 6,2–6,4 besonders gut geeignet. Da im schlachtwarmen Muskel natürliches Phosphat in Form von ATP (Adenosintriphosphat) in ausreichender Menge vorhanden ist, erübrigen sich bei der Herstellung von Brühwürsten, unter Verwendung von schlachtwarmem Fleisch, wasser- und fettbindende Zusätze sowie Emulgatoren. Auch die Wasserbindungskapazität ist höher, was bei der Herstellung von Brühwürsten technologisch wichtig ist.

Rohmaterial für die Wurstherstellung Foto: © Wagner

Abbildung 7: Einteilung von Eiweiß im Fleisch

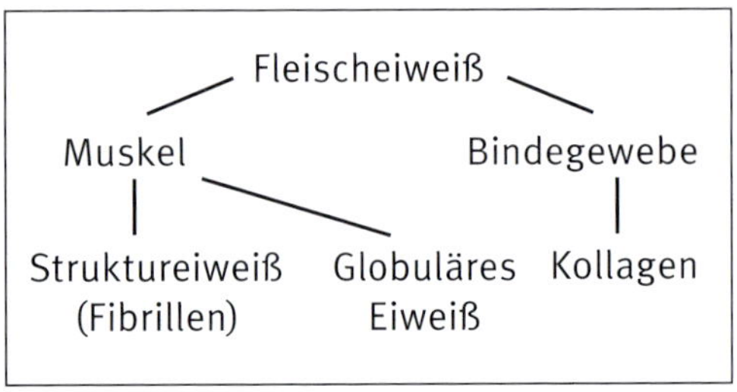

Für die Herstellung von Brät müssen die Eiweiße gelöst werden. Während globuläres Eiweiß aus dem Muskel durch die Salzzugabe leicht löslich ist, müssen die Fibrillen des Muskels (Aktin, Myosin) durch Hilfsmittel wie Phosphate aufgebrochen werden. Die Wasserbindekapazität von Struktureiweiß spielt aber in der Wurstproduktion eine wichtige Rolle.

Tabelle 6: Unterschiede zwischen Rohmaterialien für Brüh- und Rohwurst

Kriterien des Rohmaterials	Brühwurst	Rohwurst
pH-Wert	6,2–6,4	‹ 5,8
Fleisch	schlachtwarm	gut gekühlt und gereift
Muskelenergie ATP	hoch	niedrig
Glykogengehalt	hoch	niedrig
Muskelfilamente	die Muskelfilamente Aktin und Myosin sind getrennt	Aktin und Myosin verbunden (Actomyosin)
Wasserbindekapazität	hoch	niedrig
Polyensäuregehalt der Fette	weniger von Bedeutung	niedriger Polyensäuregehalt wichtig

ZERKLEINERUNGSTECHNIKEN BEI DER HERSTELLUNG VON WURSTWAREN

Die Zerkleinerung des Ausgangsmaterials für die Wursterzeugung soll gleichmäßig und mit einem klaren Schnitt erfolgen, d. h., ein unnötiges Aufreißen von Fettzellen ist nicht erwünscht, denn es würde zu einem unklaren Schnittbild führen und auch die Bindungseigenschaften für die Herstellung der Wurstmasse dadurch deutlich herabsetzen.

Schneiden mit der Hand

Speck wird für die Herstellung von Rohwürsten benötigt. Kleinere Mengen können mit der Hand geschnitten werden, größere Mengen werden in einem Speckschneider zerkleinert.

Speck sollte vor der Verarbeitung ausfrieren können und wird bei einer Temperatur um die 0 °C geschnitten.

Für das Schneiden sollte ein gut geschliffenes Profi-Messer verwendet werden. Bei höheren Temperaturen beginnt der Speck zu schmieren, so dass das Schnittbild unklar wird. Als Alternative zum Schneiden mit der Hand kann auch eine Speckschneidemaschine verwendet werden.

Rückenspeck für die Wurstherstellung
Foto: © Wagner

Zerkleinern mit dem Kutter

Ein Kutter ist eine automatische Schneidemaschine, bei der durch rotierende Messer das Fleisch gleichmäßig zerschnitten wird. Durch den Schneideeffekt erfolgt keine Quetschung wie beim Fleischwolf, und die Wurstmasse kann sehr homogen in unterschiedlicher Feinheit hergestellt werden.

Die Kuttertechnik ist heute die Standardtechnik in den Fleischverarbeitungsbetrieben.

Kutter sind eher teuer, und eine solche Anschaffung lohnt sich nur für den gewerblichen Zweck. Gute Küchenmaschinen verfügen auch über einen Minikutter, mit dem für den Hausgebrauch kleinere Brätmengen professionell und vor allem sehr schnell hergestellt werden können.

Zerkleinern mit dem Fleischwolf

Mit dem Fleischwolf wird das Material an den scharfen Kanten einer Lochscheibe durch ein rotierendes Messer geschnitten und durch den Vorschub der Förderschnecke durch die Löcher der Lochscheibe gedrückt. Die verwendeten Lochscheiben können unterschiedliche Durchmesser haben und bestimmen die Feinheit des geschnittenen Materials. Der Fleischwolf sollte zur Erreichung eines besseren Schneideeffekts auch über eine Vorschneidescheibe verfügen.

Bei der Zerkleinerung mit dem Fleischwolf ist es besonders wichtig, dass die verwendeten Messer sehr gut geschliffen sind, da sonst eine unerwünschte Quetschung des Fleischmaterials erfolgt. Durch ein übermäßiges Quetschen werden die Fleischzellen aufgebrochen, so dass Zellsaft austritt. Das Ergebnis ist eine schmierige Konsistenz des Wurstmaterials, bei dem die Verderbnisgefahr sehr groß ist. Fleisch, das gewolft wird, sollte immer gut gekühlt sein, und der Fleischwolf sollte nicht im Leerlauf betrieben werden, da die Messer dadurch stumpf werden.

Speckschneiden im Kutter Foto: © Wagner

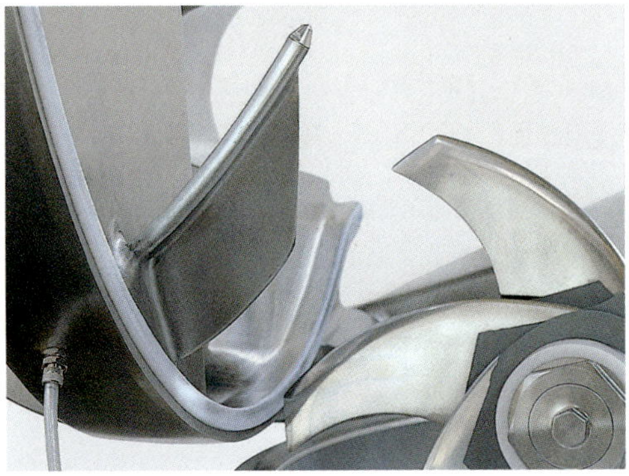

Scharfe Kuttermesser Foto: © Strasser (Seydelmann)

HINWEIS:

Achten Sie auf ein klares Schnittbild, indem Sie ein unnötiges Aufreißen der Fettzellen vermeiden. Es empfiehlt sich daher, zum Wolfen vorgesehenes Fleisch gut zu kühlen.

WURSTHÜLLEN

Für alle Wurstarten gibt es spezielle Hüllen aus unterschiedlichen Materialien. Traditionell wurden nur Naturdärme verschiedener Tiere verwendet, diese Därme wurden gereinigt und durch Einsalzen haltbar gemacht. Prinzipiell wird zwischen Naturdärmen und Kunstdärmen unterschieden. Das Österreichische Lebensmittelbuch regelt die Verwendung von Wursthüllen für die unterschiedlichen Produkte.

Die Verwendung von Naturdärmen

Naturdärme werden hauptsächlich von Kalb, Rind, Schwein und Schaf gewonnen. Als Wursthüllen kommen folgende Darmabschnitte in Frage: der Dünndarm, der Dickdarm und der Blinddarm. Naturdärme kommen gesalzen in den Handel, sie müssen vor Gebrauch gewässert werden.

Gesalzene Seitlinge Foto: © Wagner

Folgende Bezeichnungen haben sich in der Fachsprache etabliert:

- **Saitling:** Dünndarm beim Schwein im Durchmesser von 20–40 mm, beim Schaf im Durchmesser von 16–28 mm
- **Bimmerling** oder **Butte:** Blinddarm beim Kalb, Rind oder Schwein (Durchmesser je nach Tierart bis zu 150 mm)
- **Kranzdarm:** Dünndarm beim Rind (35–50 mm)
- **Krausdarm:** Dickdarm beim Schwein (50–90 mm)

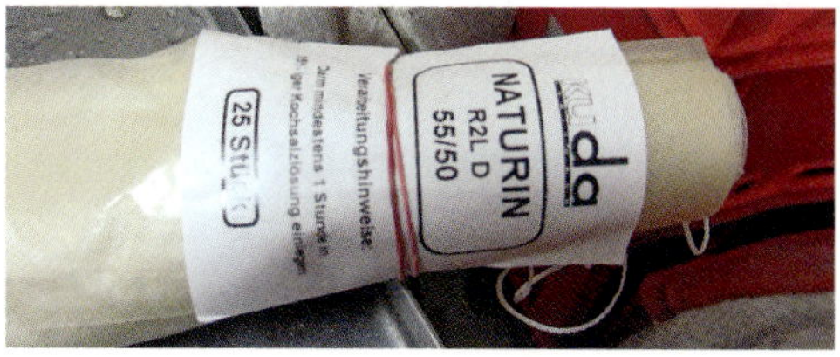

Wursthüllen (Naturin) verpackt und vor Gebrauch gewässert Foto: © Wagner

Die Verwendung von Kunstdärmen

Kunstdärme weisen durch die Vielfalt der verwendeten Materialien viele Eigenschaften auf, die für fast alle Wurstsorten geeignet sind.

Vorteile der Kunstdärme sind insbesondere die größere Festigkeit und das gleichmäßigere Kaliber. Außerdem sind sie hygienisch sauber und fettfrei. Auch bei Kunstdärmen gibt es durchlässige Hüllen (Cellophan, Naturin), die für die Räucherung geeignet sind. Kunststoffolien sind für die Räucherung nicht geeignet.

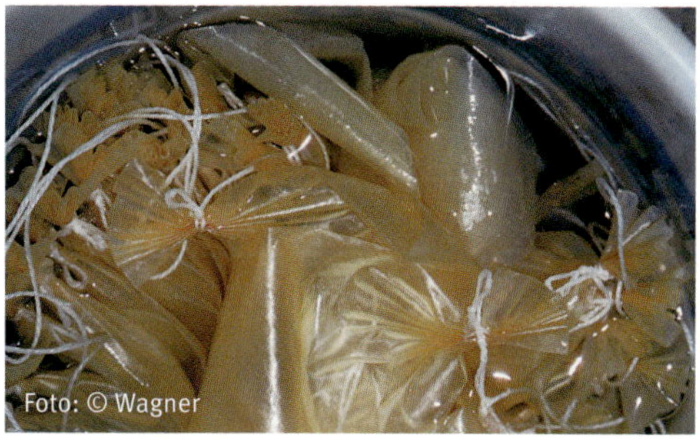

Foto: © Wagner

Folgende Materialien werden im Handel angeboten:

- Hüllen aus Pergamentpapier
- Hüllen aus Cellophan (Zellulose)
- Hüllen aus Naturin (Hautfaserdärme)
- Hüllen aus Kunststofffolien (Foliendärme)

FÜLLEN

Das Füllen der Würste stellt einen sensiblen Bereich in der Wurstproduktion dar, da das Auftreten vieler späterer Wurstfehler auf eine falsche Fülltechnologie zurückführbar ist. Nur moderne Füllmaschinen, wie z. B. Vakuumfüller, ergeben reproduzierbare Chargen.

Bei der Füllung mit der Hand wird das Wurstbrät nach der Fertigung in Ballen geformt und portionsweise durch Einschlagen und unter Vermeidung von Lufteinschluss in die Füllmaschine gedrückt.

Die Temperatur der Füllmasse sollte besonders bei der Rohwurstherstellung 4 °C nicht überschreiten, da sonst das unerwünschte Schmieren des Wurstgutes unter der Wursthülle begünstigt wird. Das Wurstgut muss unter hohem Druck durch die Fülltülle in den Darm gepresst werden. Für das Füllen in unterschiedliche Wurstkaliber werden auch unterschiedliche Füllvorsätze (Fülltüllen) verwendet.

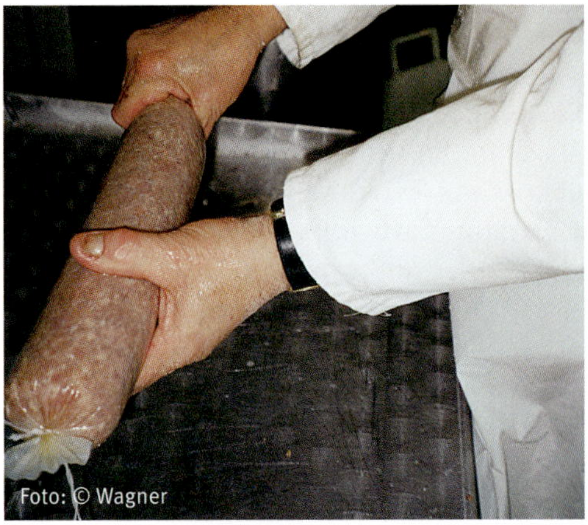
Foto: © Wagner

Foto: © Wagner

Füllen unterschiedlicher Wurstkaliber

TIPP

Das Brät sollte vor der Abfüllung nicht mit Wasser oder mit nassen Händen in Berührung kommen, da dadurch das Auftreten von grauen Stellen begünstigt wird. Gewässerte Naturdärme müssen vor Befüllung sorgfältig ausgestrichen werden.

DIE HERSTELLUNG VON BRÜHWÜRSTEN

Brühwurstmasse wird vor allem im Kutter hergestellt, kann aber auch mit qualitativen Einbußen im Fleischwolf erzeugt werden. Zu den Brühwürsten sind alle Wurstsorten zu rechnen, die aus mehr oder minder zerkleinertem Rohfleisch hergestellt werden.

Das infolge der intensiven Zerkleinerung teils suspendierte und teils gelöste natürliche Muskeleiweiß erfährt durch den Brühprozess eine Hitzekoagulation. Dabei kommt die gewünschte Schnittfestigkeit zustande. Hier kommt es vor allem darauf an, so viel Muskeleiweiß in Lösung zu bringen, dass dieses bei der Erhitzung in der Lage ist, ein feines Strukturgerüst zu bilden. Bei dieser Emulsionsbildung wird Eiweiß auf zweierlei Weise freigesetzt: erstens durch die mechanische Zerkleinerung im Kutter und zweitens durch die chemische Wirkung von Salz.

Wie wird das Brät bindig?

Salz kann das zerkleinerte Fleisch in ein bindiges Brät verwandeln, da es das globuline Eiweiß herauslöst. Fett wird im Kutter in Form feiner Tröpfchen in der Masse verteilt und emulgiert. Die Emulsionsphase tritt bei ca. 12 °C ein. Bei dieser Temperatur emulgiert das Brät hitzefest. Die gelösten

Eiweißfäden in der Brühwurstmasse bilden bei der Erhitzung ein feinwabiges Netz von koagulierten Eiweißbestandteilen, was zur Schnittfestigkeit von Brühwürsten auch bei erneutem Erhitzen führt.

Es gibt je nach Geräteausstattung verschiedene Methoden zur Herstellung von Brühwurstbrät bis hin zum Kuttern unter Vakuum. Die beschriebene Einphasenmethode sollte ein Brät mit einem festen und kompakten Biss ergeben und ist die einfachste Art, Brühwürste herzustellen.

HINWEIS

Brühwürste werden aus Rohfleisch hergestellt. Sie erhalten ihre Schnittfestigkeit durch koaguliertes Eiweiß.

Herstellung von Brühwurstbrät mit dem Kutter (Einphasenmethode)

1. Fleisch und Fettgewebe werden im Kutter oder Fleischwolf vorzerkleinert.
2. Zugabe von 2–2,2 % Salz sowie 3 g Kutterhilfsmittel/kg Masse.
3. Die Masse wird „trocken" (= ohne Eis) gekuttert.
4. Zugabe von Eis (Schüttung) in zwei bis drei Chargen.
5. Der Emulsionspunkt von 12 °C muss durchlaufen werden.

Kutterhilfsmittel bei der Erzeugung von Brühwürsten

Kutterhilfsmittel sind Salze (Phosphate). Diese übernehmen die Aufgaben des ATP, das beim schlachtwarmen Fleisch noch vorhanden ist, später jedoch abgebaut wird. Außerdem erhöhen sie den pH-Wert im Fleisch, binden Kalziumionen und erhöhen die Wasserbindung.

Für die Herstellung von Brät können Phosphate bis zu einem Ausmaß von 0,5 %, bezogen auf den Fleischanteil, bei Kochpökelwaren bis zu einem Ausmaß von 0,3 %, bezogen auf den Fleischanteil, zugesetzt werden. Die Verwendung von Oligophosphaten bei der Herstellung von Fleischwaren aus nicht schlachtwarmem Fleisch ist wegen des Fehlens der in schlachtwarmem Fleisch vorhandenen natürlichen Phosphate zur Erzielung einer Bindung erforderlich. Kuttersalze verbessern somit die Bindung des Bräts. Kuttersalze können zusätzlich auch Emulgatoren enthalten.

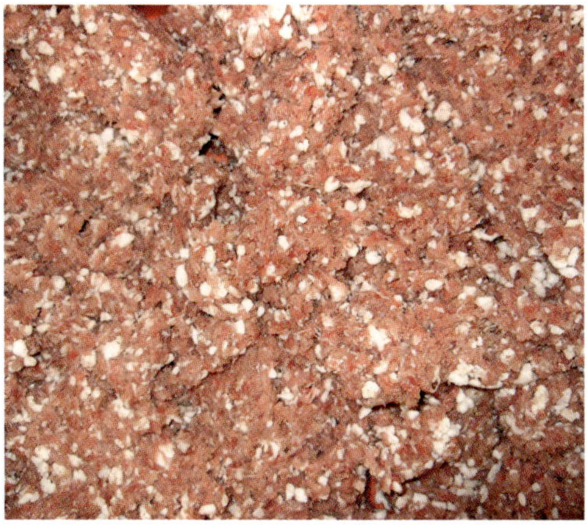

Verschiedene Wurstbrätarten Fotos: © Wagner

Herstellung von Brühwurstbrät mit dem Fleischwolf (Beispiel: Polnische Wurst)

1. Die Hälfte des Fleisches mit der Lochscheibe 5 mm wolfen.
2. Die Hälfte des Fleisches mit der Lochscheibe 13 mm wolfen.
3. Den Speck mit dem Speckschneider schneiden oder auch wolfen.
4. Beigabe von Salz und Gewürzen.
5. Kneten in der Knetmaschine ca. 10–15 min.
6. Wasserschüttung (ca. ein Liter für 10 kg Wurstmasse) bei der Halbzeit des Knetens.

Definition und Einteilung der Brühwürste

(Österreichisches Lebensmittelbuch, Auszug)

„Brühwürste und gebratene Würste sind aus Brät oder unter Mitverwendung von Brät unter Zugabe von Gewürzen hergestellte Würste, die einer Erhitzung unterzogen werden. Man unterscheidet Brät- und Fleischwürste.

Brätwürste

Diese werden aus Brät unter Beimengung von fein zerkleinertem Speck hergestellt.

Fleischwürste

Diese enthalten mehr oder weniger grob zerkleinertes, gepökeltes Fleisch und je nach Wurstsorte auch mehr oder weniger grob zerkleinerten Speck, wobei in der Regel der Zusammenhalt der Fleischeinlage durch Brät gewährleistet wird.

... Brühwürste werden nach vorausgegangener Heißräucherung oder ohne Räucherung einer feuchten Erhitzung unterzogen; dieser entspricht auch das Erhitzen in wasserdampfundurchlässigen Umhüllungen. In Formen gebackene oder gekochte Wurstmassen (Leberkäse, Fleischkäse u. dgl.) sind zu den Brühwürsten zu zählen. Brühwürste, insbesondere Brätwürste der Sorten 1 und 2, weisen in der Regel eine geringe Haltbarkeit auf und sind deshalb einem entsprechend baldigen Verbrauch zuzuführen.

Gebratene Würste

Diese unterscheiden sich von Brühwürsten dadurch, dass sie einer trockenen Erhitzung in Verbindung mit einer Räucherung („Braten“) unterzogen wurden; ihre Haltbarkeit hängt vom Trocknungsgrad ab.

Dauerwürste

Fleischwürste werden auch als Dauerwürste hergestellt, sie zeichnen sich durch eine längere Haltbarkeit aus als übliche Fleischwürste. Fleischwürste, die als Dauerwürste in Verkehr gebracht werden, sind entweder gebraten und getrocknet oder nach feuchter Erhitzung kalt geräuchert und getrocknet. Sie werden stets ohne Stärkezusatz hergestellt. ... Fleischwürste mit einem Durchmesser von mehr als 75 mm, ferner Debreziner, Lyoner, Aufschnittwurst, Schinkenleberkäse, Leberkäse nach bayrischer Art, Bratwürstel (gebrüht oder roh) und Käsewurst werden nicht als Dauerwürste in Verkehr gebracht.

Dauerwürste können im Zusammenhang mit der Sortenbezeichnung als „Dauerwurst“ deklariert werden. Als Dauerwürste gelten auch Würste mit Phantasiebezeichnungen, die auf touristische Tätigkeiten (Camping, Bergsteigen, Wandern, Klettern und dgl.), Picknick oder auf Berge, die als touristische Ziele bekannt sind, hinweisen ...

Rohe Bratwürste

Diese sind roh zum Verkauf gelangende Wurstwaren, die aus Schweine- oder Kalbfleisch und unter Zusatz von Kochsalz oder

Nitritpökelsalz sowie Gewürzen hergestellt, nicht getrocknet und in der Regel nicht geräuchert werden.

Um die entsprechende Bindung zu gewährleisten, kann auch Brät zugesetzt werden. Solche Bratwürste sind nicht zum Rohverzehr bestimmt, sondern werden unmittelbar vor dem Genuss erhitzt (gebraten oder gebrüht). Sie sind, sofern es sich nicht um Tiefkühlware handelt, leicht verderblich, weshalb sie gekühlt gelagert und bis spätestens am Abend des Tages nach der Herstellung an Letztverbraucher verkauft werden müssen. Zu diesem Zeitpunkt sind nicht verkaufte Bratwürste in einen solchen Zustand zu versetzen, dass die Abgabe als rohe Bratwürste nicht mehr möglich ist.“

HINWEIS

Rohe Bratwürste sind nicht zum Rohverzehr bestimmt und müssen gekühlt gelagert werden.

Herstellungsrichtlinien und Rezepturen für Brühwürste nach dem Österreichischen Lebensmittelbuch (Auszug)

Brätwürste

Brätwürste werden nach den Sorten 1 a, 1 b, 2, 3 a und 3 b eingeteilt. Einige Rezepte sind als Beispiele angeführt.

Frankfurter und andere Würstel mit hervorhebender Bezeichnung (Sorte 1 a)

Brät
100 Teile Rindfleisch, Spitzenqualität
60 Teile Wasser

Wurstmasse
75 Teile Brät
25 Teile Speck

Frankfurter, Wiener Würstel, Sacher-, Tee-, Cocktailwürstel und andere Würstel sowie Weißwürste (Sorte 1 b)

Brät
100 Teile Rindfleisch I
80 Teile Wasser

Wurstmasse
75 Teile Brät
25 Teile Speck auf 100 Teile Wurstmasse
1 Teil Kartoffelstärke

ODER:
Brät
100 Teile Rindfleisch I
70 Teile Wasser

Wurstmasse
70 Teile Brät
30 Teile Speck auf 100 Teile Wurstmasse
1 Teil Kartoffelstärke

Leberkäse und Fleischkäse, gebacken (Sorte 2)

Brät
100 Teile Rindfleisch II
70 Teile Wasser

Wurstmasse
70 Teile Brät
30 Teile Speck auf 100 Teile Wurstmasse
6 Teile Kartoffelstärke o. Weizenmehl

Leberkäse und Fleischkäse, gebacken, werden mitunter auch mit einer Käseeinlage hergestellt. Auch andere Einlagen, wie Salami, Champignons, Oliven (z. B. bei „Pizzaleberkäs“), werden verwendet.

Münchner Weißwurst (Sorte 2)

Brät
100 Teile Kalbfleisch oder Schweinefleisch, mager
70 Teile Wasser

Wurstmasse
73 Teile Brät
22 Teile Speck
5 Teile gekochte Schwarten, Kalbsfuß- oder Kalbskopfhaut

Fleischwürste

Fleischwürste werden im Österreichischen Lebensmittelbuch in die Sorten 1 a, 1 b, 2 a, 2 b, 2 c, 3 a und 3 b eingeteilt. Einige Rezepte sind als Beispiele angeführt.

Schinkenwurst (Sorte 1 a)

Brät
100 Teile Rindfleisch I
50 Teile Wasser

Wurstmasse
85 Teile gepökeltes, mageres, sehnenarmes Schweinefleisch, grob gestückt
15 Teile Brät auf 100 Teile Wurstmasse kann bis zu 1 Teil Kartoffelstärke zugesetzt werden

Schweinskrainer, Schinkenwürstel u. dgl. (Sorte 1 b)

75 Teile mageres Schweinefleisch
25 Teile Speck

ODER:
65 Teile mageres Schweinefleisch
25 Teile Speck
10 Teile Brät (Schinkenwurstbrät)

Krainer, burgenländisches Hauswürstel, Selchwürstel, Schweinswürstel u. dgl. (Sorte 2 a)

Brät
100 Teile Rindfleisch II
30 Teile Wasser

Wurstmasse
55 Teile mageres Schweinefleisch, teilweise auch Rindfleisch I
25 Teile Speck
20 Teile Brät

Fleisch- oder Leberkäse nach bayrischer Art (Sorte 2 a)

15 Teile gepökeltes, mageres, sehnenarmes Schweinefleisch, klein geschrotet
85 Teile Leberkäsemasse
auf 100 Teile Wurstmasse
5 Teile Kartoffelstärke oder Weizenmehl

Diese Produkte werden ausschließlich gebacken hergestellt.

Bratwürste, gebrüht oder roh, Rostbratwürste und Grillwürstel (Sorte 2 a)

55 Teile mageres Schweinefleisch
20 Teile Speck
25 Teile Brät (Frankfurterbrät)

Abbinden von Brühwürsten Foto: © Wagner

Tiroler (Sorte 2 b)

Brät
100 Teile Rindfleisch II
teilweise auch Rindfleisch I
50 Teile Wasser

Wurstmasse
25 Teile mageres Schweinefleisch
20 Teile grob entsehntes Stelzenfleisch
25 Teile Speck
30 Teile Brät

Käsewurst (Sorte 2 b)

65–80 Teile Wurstmasse von Tiroler, eventuell feiner gekörnt 20–35 Teile gewürfelter Käse vom Typ Emmentaler, Bergkäse oder andere geeignete, beim Erhitzen nicht schmelzende Käse, auch mit geringerem Fettgehalt, ausgenommen Schmelzkäse.

Polnische (Sorte 2 b)

Brät
100 Teile Rindfleisch II
30 Teile Wasser

Wurstmasse
25 Teile mageres Schweinefleisch,
teilweise auch Rindfleisch I
10 Teile grob entsehntes Stelzenfleisch
15 Teile Schweinekopffleisch
25 Teile Speck
25 Teile Brät

Die Polnische dieser Sorte wird üblicherweise gebraten, die gebrühte Polnische wird entsprechend getrocknet.

DIE HERSTELLUNG VON ROHWÜRSTEN

Für die Rohwursterzeugung braucht man bestes Fleisch- und Fettmaterial. Deshalb sollte nur gut gereiftes, abgehangenes (aber nicht überlagertes) Fleisch verwendet werden (pH-Werte zwischen 5,4–5,8, auf jeden Fall unter 6,0). Bei einem zu hohen pH-Wert bleibt der Fleischsaft fest an das Eiweiß gebunden, und die Pökelstoffe dringen schlecht ein. Mit der Säuerung des Fleisches (pH-Wert unter 5,8) erfolgt auch eine „Schrumpfung" der Muskelfasern, und die Räume zwischen den Fasern erweitern sich. Besser geeignet sind Fleischsorten von älteren Tieren, die dunkelfärbiger und trockener sind als bei Jungtieren.

Sowohl Schweine- als auch Rindfleisch wird verwendet. Je größer der Anteil an Schweinefleisch ist, desto intensiver wird der Geschmack der Rohwurst. Besonderes Augenmerk gilt der Fettqualität, es sollte nur kerniges, trockenes und festes Fettgewebe mit einem Polyensäuregehalt von unter 15 % verwendet werden.

Worauf ist bei der Herstellung von Rohwürsten zu achten?

Bei der Herstellung von Rohwürsten ist darauf zu achten, dass das Rohmaterial gut gekühlt zur Verarbeitung gelangt. Temperaturen um 0 °C, aber bis maximal + 2 °C sind wünschenswert. Vor allem für die Kuttertechnik sollten die Basismaterialien, je nach Zerkleinerungsgrad, unterschiedlich gekühlt sein. Bei feinkörniger Zerkleinerung sollten alle Basismaterialien gefroren sein. Bei mittelkörniger Zerkleinerung sollte ein Basismaterial als Bindungsträger nicht gefroren sein, z. B. Fett und Schweinefleisch gefroren, Rindfleisch gekühlt, 2–3 mm gewolft als Bindeträger.

Bei grobkörnigen Rohwurstarten (Kärntner Haussalami, Plockwürste) wird das Fettgewebe gefroren verarbeitet, die übrigen Zutaten angefroren bzw. sehr gut gekühlt (bis max. + 2 °C). Die schonende Verarbeitung des Fettgewebes erfolgt bei der Herstellung von Rohwürsten immer in gefrorenem Zustand.

WICHTIG

Verwenden Sie für Rohwürste nur Rohmaterial mit einem pH-Wert unter 6,0. Die Verarbeitungstemperaturen sollen unter + 2 °C liegen. Es empfiehlt sich der Einsatz eines Fleischwolfs mit Vorschneidevorrichtung.

Moderne Herstellung von Rohwürsten

Ursprünglich wurde das Brät für die Rohwurst mit einem Wiege- oder Hackmesser erzeugt. Die Herstellung von Rohwurst ist sowohl mit dem Wolf als auch mit einem Kutter möglich. Die Maschinen müssen ein einwandfreies und vor allem glattes Schneiden der Zutaten gewährleisten.

Durch eine unsachgemäße Schneckenförderung oder durch stumpfe und abgenützte Schneidmesser und Lochscheiben kommt es zur Quetschung des Bräts. Dabei werden die Fleischzellen verletzt, und Fleischsaft tritt aus. Das Schnittbild wird unklar, und die Haltbarkeit der so erzeugten Produkte ist deutlich herabgesetzt.

Der Fleischwolf sollte für die Herstellung von Rohwurstbrät mit einer Vorschneidevorrichtung ausgestattet sein. Der Grad der Zerkleinerung ist bei schnittfester Rohwurst sortenspezifisch.

Die Herstellung von Rohwurst mit dem Kutter

Bei der Herstellung von Rohwurst mit dem Kutter ist zu beachten, dass die Kutterendtemperatur zwischen – 2 °C bis maximal 0 °C beträgt. Die Kuttertechnologie orientiert sich vor allem an der Feinheit der herzustellenden Rohwurst.

Herstellung von Rohwurst mit feiner Körnung mit dem Kutter (z. B. Cervelatwurst)

1. Das gefrorene Material wird ohne Salzzugabe, aber mit allen anderen Hilfsmitteln bis zu einer leichten Bindung gekuttert. Die erreichte Bindigkeit wird an der sämigen, pastösen Konsistenz der Masse erkannt.
2. Die Zugabe des Nitritpökelsalzes erfolgt im zweiten Schritt. Es wird gekuttert, bis die gewünschte Endkörnung und Bindung eintreten.

Die Herstellung von Rohwurst mit mittlerer Körnung mit dem Kutter (z. B. Salami)

1. Das gefrorene Schweinefleisch wird mit den Hilfsmitteln, aber ohne Salzzugabe bis zu einer Körnung von ca. 8 mm gekuttert.
2. Zugabe des gefrorenen Specks und weiter kuttern bis kurz vor dem Endkörnungsgrad.
3. Gut gekühltes bzw. angefrorenes Rindfleisch wird gewolft (3 mm Lochscheibe) und als Bindeträger zugegeben.
4. Die Endkutterung erfolgt mit einer langsameren Umdrehung, bis die gewünschte Bindung und Endkörnung erreicht sind.

Die Herstellung von Rohwurst mit Kutter und Fleischwolf

1. Das Basismaterial (z. B. angefrorenes Rindfleisch oder Schweinefleisch) wird

auf ca. 2 mm vorgekuttert, die Gewürze und mögliche Starterkulturen werden eingekuttert.
2. Rückenspeck wird in gefrorenem Zustand auf die sortentypische Endgröße gekuttert.
3. Mageres, gekühltes, grobstückiges, vorgewolftes Einlagefleisch (Schweinefleisch) wird mit den vorgekutterten Basismaterialien vermischt. Hier erfolgt auch die Zugabe von Nitritpökelsalz.
4. Das Gesamtmaterial wird über die sortentypische Lochscheibe im Fleischwolf zerkleinert.

Nach Schritt 4 dieses Verfahrens sollte die Rohwurstmasse die nötige Bindung aufweisen – das Brät lässt sich „ballen" – und nicht weiter manipuliert und gemischt werden. Dadurch wird auch eine weitere Erwärmung vermieden, die zu einer schmierigen Konsistenz der Masse führen kann.

Alle Arbeitsschritte bis hin zum Füllen sollten sehr zügig durchgeführt werden.

Die Herstellung von Rohwurst mit dem Fleischwolf (z. B. Schinkenplockwurst, Haussalami)

1. Das Basismaterial (z. B. angefrorenes Rindfleisch oder Schweinefleisch) wird mit einer 2–3 mm Lochscheibe gewolft.
2. Grobstückige Anteile, wie Speck etc., werden mit einem scharfen Messer oder einem Speckschneider geschnitten. Speck muss im gefrorenen Zustand geschnitten werden.
3. Das Basismaterial wird mit den grobstückigen Anteilen unter Zusatz von Starterkulturen, Gewürzen und Nitritpökelsalz zügig vermischt.
4. Das Gesamtmaterial wird mit der sortentypischen Lochscheibe im Fleischwolf zerkleinert.

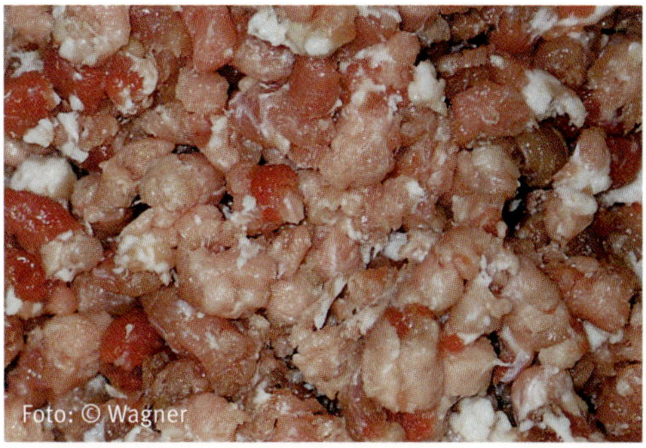

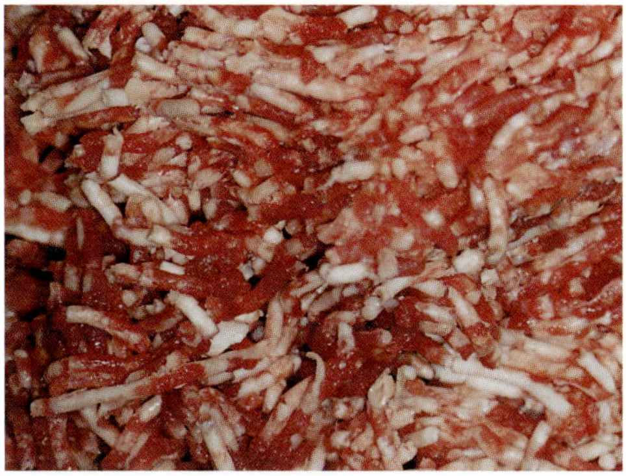

Fleisch mit grober (oben) und feiner (unten) Lochscheibe gewolft Foto: © Wagner

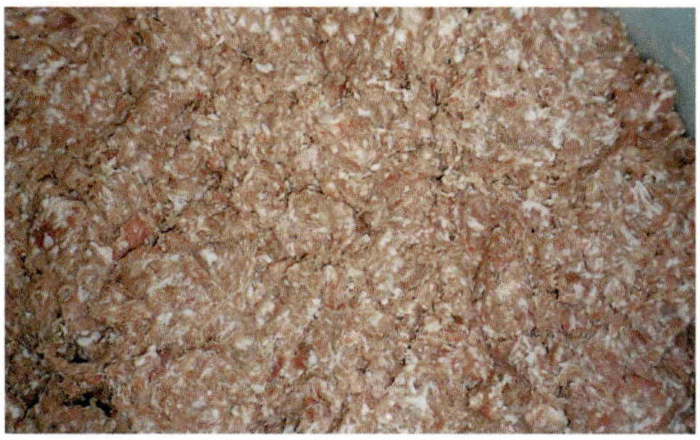

Rohwurstmasse vor der Füllung Foto: © Wagner

Auch bei dieser Methode, bei der ausschließlich mit dem Fleischwolf gearbeitet wird, sollte die Rohwurstmasse die nötige Bindung zum Füllen aufweisen. Sollte das nicht der Fall sein, muss die Masse in gekühltem Zustand sehr zügig noch einmal durchgeknetet werden.

DIE REIFUNG DER ROHWÜRSTE

Direkt nach der Herstellung durchlaufen Rohwürste einen Reifungsprozess, bei dem die nötige Haltbarkeit, die Umrötung, die Aromabildung und die Schnittfestigkeit der Produkte erreicht werden. Der Reifeprozess hat primär das Ziel, den Säurewert (pH-Wert) und den Wert für die Wasseraktivität (aw-Wert) zu senken.

pH-Wert-Senkung: abhängig von der Temperatur und dem Zusammenspiel des zugesetzten Zuckers mit den Reifebakterien (Starterkulturen).

aw-Wert-Senkung: abhängig von einer ausreichenden Wasserabgabe in einem bestimmten Zeitraum.

Faktoren, die den Reifungsprozess definieren:

1. Externe Regelgrößen (Reifetechnik)
- Temperaturverlauf (°C)
- Relative Luftfeuchtigkeit (% rF)
- Luftgeschwindigkeit (m/sec)
- Eventuell Kalträucherung in Intervallen

2. Interne Regelgrößen (Rezeptur)
- Salzgehalt
- Zuckergehalt
- Zerkleinerungsgrad
- Fettgehalt
- Kaliber der Hülle
- Starterkulturen

Rohwürste im Reiferaum Foto: © Wagner

Bei der Reifung von Rohwürsten müssen die genannten Regelgrößen aufeinander abgestimmt sein. Daher ist es für die Rohwurstherstellung unbedingt notwendig, neben der sensorischen Kontrolle den Reifeverlauf durch Messungen mit einem Thermometer und einem Hygrometer zu verfolgen. Die Feuchtigkeit im Inneren der Rohwurst steht im Verhältnis zur äußeren Luftfeuchtigkeit.

Bei Störung dieses Verhältnisses entstehen schwerwiegende Trocknungsfehler, die auch zum Verderb dieser sensiblen Produkte führen können.

Wasseraktivität

Die Wasseraktivität (aw-Wert) bestimmt das genaue Verhältnis der Luftfeuchtigkeit im Reifungsraum zum Gehalt an freiem Wasser in der Rohwurst während der Reifung. Der Verderb eines Lebensmittels hängt nicht von dessen Gesamtwassergehalt, sondern vom Wert der Wasseraktivität ab.

Der Wert der Wasseraktivität gibt jenes Wasser an, das nicht an irgendwelche Strukturen im Lebensmittel fest gebunden ist (freies Wasser) und das somit mikrobiellen Verderb für das Wachstum zur Verfügung steht. Reines Wasser besitzt einen aw-Wert von 1,0; steht kein freies Wasser zur Verfügung, beträgt der aw-Wert null.

Frisches Fleisch besitzt einen aw-Wert von ca. 0,99 und ist daher für mikrobiellen Verderb besonders anfällig. Eine Dauerwurst (z. B. Salami) hat einen aw-Wert von unter 0,85 und ist aus diesem Grund auch ohne Kühlung haltbar.

Der aw-Wert kann durch die Zugabe von Koch- bzw. Pökelsalz oder durch Trocknen, Brühen/Kochen, Braten/Backen und Pökeln der Produkte vermindert werden.

Der aw-Wert kann mit einem aw-Wert-Messgerät ermittelt werden. Das Prinzip der Messung besteht aus der Luftfeuchtigkeitsmessung in einem definierten und abgeschlossenen Probenraum, in den die Probe gelegt wird. Die Messgeräte sind auf eine bestimmte Messtemperatur geeicht, weil die relative Luftfeuchtigkeit von der Temperatur abhängig ist.

HINWEIS

Der Verderb eines Lebensmittels hängt vom Wert der Wasseraktivität ab. Weil die Luftfeuchtigkeit von der Temperatur abhängig ist, sind aw-Wert-Messgeräte auf eine bestimmte Temperatur geeicht.

Folgende Grundformel berechnet die benötigte Luftfeuchtigkeit bei gegebener Wasseraktivität der Produkte, damit Trocknungsfehler vermieden werden:

aw-Wert der Rohwurst x 100 – 5 = Luftfeuchtigkeit des Reiferaums

Direkt nach dem Herstellungsprozess (Kuttern oder Wolfen) sind die einzelnen Inhaltsstoffe in der Rohwurst noch lose vermischt und haben das Brät noch nicht durchdrungen. Man nennt diesen Zustand den Sol-Zustand. Mit der Reifung der Rohwurst erfolgt durch biochemische und mikrobiologische Prozesse die Umwandlung in den Gel-Zustand, wodurch auch die nötige Bindung für die Schnittfestigkeit erreicht wird. Der Gel-Zustand von Rohwürsten sollte, je nach Reifeart und Kaliber, nach ca. 2–5 Tagen erreicht sein.

Hilfsstoffe für die Rohwursterzeugung

Folgende Hilfsstoffe können bei der Rohwurstherstellung eingesetzt werden:

- Pökelstoffe (Nitrit, Salpeter)
- Zucker (Haushaltszucker, Milchzucker, Honig etc.)
- Gluconsäure-delta-Lacton (GdL)
- Starterkulturen
- Umrötehilfsmittel
- Salz
- Geschmacksstoffe zur Abrundung (Rotwein, Cognac etc.)
- Gewürze

Pökelstoffe

Pökelstoffe gewährleisten den Umrötungsprozess in der Rohwurst. Mit Kochsalz und Nitrat (Salpeter) hergestellte Rohwürste haben am Anfang eine geringere mikrobiologische Stabilität als mit Nitrit hergestellte, da Nitrat von den Mikroorganismen in der Rohwurst erst zu Nitrit reduziert werden muss. Nitrat sollte daher nur bei so genannten naturgereiften Produkten mit einer Reifezeit von mehr als 4 Wochen eingesetzt werden.

Zucker

Zucker sollte nur sehr dosiert eingesetzt werden. Zucker dient nicht der Geschmacksabrundung, sondern als „Nahrung" für die Reifeflora, welche den Zucker in organische Säuren, hauptsächlich und wünschenswert zu Milchsäure, abbaut und damit auch den pH-Wert des Produkts senkt.

Im Allgemeinen reicht ein Zuckerzusatz von ca. 0,5–1 % aus. Höhere Dosierungen können vor allem bei höheren Temperaturen und dem Vorkommen von Schadkeimen zu Fehlfermentationen (Porigkeit durch Gasbildung) sowie zu Geschmacksfehlern (Essigsäurebildung) führen.

Gluconsäure-delta-Lacton (GdL)

Gluconsäure-delta-Lacton (GdL) wird nur bei schnellgereiften Rohwürsten eingesetzt und sollte eine Konzentration von 0,8 % nicht überschreiten. In diesem Buch werden hauptsächlich so genannte naturgereifte Rohwürste mit einer langsamen Reifung behandelt.

Starterkulturen

Starterkulturen sind meist lyophilisierte (gefriergetrocknete) Mikroorganismen, welche die erwünschte Reifungsflora verstärken sollen. Rohwurst „lebt" also, wobei zwischen erwünschten und unerwünschten Mikroorganismen unterschieden werden kann. Hygienisch vorbereitete Zutaten gewährleisten auch eine richtige Fermentation ohne den Einsatz von Starterkulturen.

WICHTIG

Rohwürste, mit Kochsalz und Nitrat hergestellt, haben am Anfang des Reifeprozesses eine geringere mikrobiologische Stabilität. Starterkulturen sollen helfen, unerwünschte Mikroorganismen zu unterdrücken.

Salz

Salz wird in einer Menge von ca. 2–3 % zugesetzt und hat neben der geschmacksgebenden Rolle auch eine wichtige Funktion bei der Senkung der Wasseraktivität.

Geschmacksstoffe

Geschmacksstoffe, wie Rotwein, Cognac etc., sind durch viele traditionelle Rezepte überliefert und bringen eine gewisse Abrundung und Geschmackscharakteristik in das Produkt.

Gewürze

Gewürze sollen den Geruch und den Geschmack der Rohwurst verfeinern. Gewürze werden sowohl in Form fertiger Gewürzmischungen, aber auch einzeln im Handel angeboten. Naturgewürze ohne definierte Herkunft haben oft einen sehr hohen Keimgehalt und sollten daher mit großer Vorsicht verwendet werden. Neben der Geschmacksgebung können Gewürze (z. B. Knoblauch) auch das Wachstum unerwünschter Mikroorganismen hemmen und vor Oxidation und Ranzigkeit schützen (Rosmarin, Salbei).

Reifungsverfahren für schnittfeste Rohwurst

Grundsätzlich wird bei der Herstellung einer schnittfesten Rohwurst zwischen drei verschiedenen Reifungsverfahren unterschieden:

Tabelle 7: Unterschiede zwischen den Reifungsverfahren

Schnelle Reifung	Mittlere Reifung	Langsame Reifung (Naturreifung)
bakterielle Säuerung, GdL	bakterielle Säuerung	bakterielle Säuerung
Nitrit	Nitrit	Nitrit oder Nitrat
Reifungstemperatur bis 25 °C	Reifungstemperatur zwischen 18 und 24 °C	Reifungstemperatur zwischen 15 und 18 °C
fertig nach 10 Tagen	fertig nach 20 Tagen	fertig nach ca. 8 Wochen

Die angegebenen Reifungstemperaturen sind Temperaturen, die zu Beginn des Reifungsvorgangs herrschen. Mit Verlauf der Reifung werden diese zurückgenommen. Die Reifung erfolgt nach heutigem Stand der Technik in eigens klimatisierten Reiferäumen, wo der Verlauf der gewünschten Umgebungsparameter als Funktion der Zeit eingestellt werden kann.

Die Reifung von Rohwürsten im Haushalt ist sehr vom Klima und von der Jahreszeit abhängig. Aber es ist ohne Weiteres möglich, bei der Beachtung der beschriebenen Regelgrößen und mit etwas Erfahrung auch im Kleinmaßstab einwandfreie Produkte zu erzeugen.

TIPP

Fehlende Luftfeuchtigkeit zu Beginn der Reifung kann durch das Aufhängen nasser Stofftücher ausgeglichen werden. Fehlende Umluftgeräte können entweder durch periodisches Lüften oder durch kleine Standventilatoren ersetzt werden.

Die relative Luftfeuchtigkeit sollte im Laufe der Rohwurstreifung von ca. 94 % rF auf ca. 80 % rF gesenkt werden. Zu Beginn der Reifung sollten die Rohwürste für ca. 5–8 Stunden bei einer relativen Luftfeuchtigkeit von ca. 60 % rF abtrocknen.

Umröten von Haussalami Foto: © Wagner

Die Lagerung von Rohwürsten

Rohwürste sollten am besten in hygienisch sauberen Räumen bei einer Luftfeuchtigkeit von 75–78 % und einer Temperatur von 12–1 °C lagern bzw. nachreifen. Eine zu hohe Luftgeschwindigkeit in solchen Räumen, wie z. B. durch die übermäßige Luftentwicklung von Kälteaggregaten, sollte unbedingt vermieden werden. Als empfohlene Luftgeschwindigkeit für die Lagerung wird 0,05–0,1 m/sek angegeben. Fertig gereifte Rohwürste können in Kleinpaketen vakuumverpackt werden und sollten bei nicht gekühlter, aber kühler Lagerung nach österreichischem Handelsbrauch mindestens 45 Tage haltbar sein.

Einige typische Fehler, die bei Rohwürsten auftreten können:

Es bildet sich ein ausgeprägter Trockenrand.

Die Produkte wurden entweder zu schnell, bei zu geringer Feuchtigkeit oder zu starker Luftbewegung gereift. Wenn rohe Hauswürstel geräuchert werden, müssen sie vor der Beschickung der Räucherkammer gut abgetrocknet sein.

Eine zu hohe Räuchertemperatur am Beginn der Räucherung führt zur Verschalung bzw. Trockenrandbildung. Feuchtigkeit aus dem Inneren kann nicht mehr nach außen dringen, so dass die Gefahr von Fehlfermentationen und Hohlraumbildung im Inneren der Würste besteht.

Die Rohwürste haben eine Oxidationsnote bzw. schmecken ranzig.

Die verwendeten Fette sind von minderer Qualität oder waren zu lange eingefroren. Übermäßiger Licht- und Sauerstoffeinfluss bei der Lagerung rufen Oxidationsprozesse hervor.

Die Rohwürste weisen eine starke Hohlraumbildung und Risse im Inneren auf.

Zu schnelle Reifung und Fermentation (aber auch Fehlfermentationen) können zu Hohlräumen führen. Um die Hohlstellen herum beginnen die Fette zu oxidieren, die Wurst verfärbt sich und wird ranzig.

Den Rohwürsten fehlt die Schnittfestigkeit, sie haben eine bröckelige Konsistenz.

Eventuell zu lockere Füllung oder auch zu niedrige Salzzugabe. Der Gel-Zustand wurde nicht oder zu wenig erreicht.

Die Rohwürste weisen keine schöne Umrötung auf.

Überprüfen Sie, ob genug Pökelstoffe eingesetzt wurden. Auch zu niedrige Temperaturen bei der Reifung und Lagerung können zu Umrötungsmängeln führen.

Die Rohwürste weisen einen weißen Belag auf.

Grundsätzlich wird zwischen einem Schmierbelag, der so genannten „Wurstblüte", und dem Kochsalzausschlag unterschieden. Schmierbeläge können besonders am Anfang der Reifung bei zu hohen Luftfeuchtigkeiten und Temperaturen auftreten und werden durch verschiedene Bakterien und Hefen verursacht. Ein solches „Beschlagen" kann zwar zu Beginn der Reifung noch abgewaschen werden, verursacht aber unter der Wursthülle meist einen dumpfen, käsigen Geruch sowie einen unerwünschten grauen Rand. Die „Wurstblüte" ist kein Schmierbelag und zeigt sich meist auf der Oberfläche luftgetrockneter Rohwürste. Es ist ein trockener weißlicher Belag, der auch durch bestimmte Bakterien verursacht und als „Bereifung" bezeichnet wird. Beim Kochsalzausschlag tritt Kochsalz in kristalliner Form an die Oberfläche der Produkte.

Einteilung und Herstellungsrichtlinien (Rezepturen) von Rohwürsten im Österreichischen Lebensmittelbuch (Auszug)

Rohwürste werden eingeteilt in Rohwürste mit Belag (Reifungsflora) und ohne Belag sowie in schnittfeste und streichfähige Rohwürste. Einige Rezepte sind als Beispiele angeführt.

Rohwürste mit Belag

Salamiwürste

Salamiwürste sind gereifte Rohwürste mit Reifungsflora, Reifungsaroma und Edelschimmelbelag.

Im Einzelnen gelten für das zu verwendende Ausgangsmaterial folgende Richtlinien:

Spitzensorte

Ungarische Salami und alle Salamiwürste, deren Bezeichnung oder Aufmachung auf Ungarn, Jugoslawien, Kroatien, Slowenien, Rumänien oder Bulgarien hinweist, ferner Karpatensalami u. dgl.:
72 Teile mageres sehnenarmes Schweinefleisch
28 Teile Speck
Zucker- und Zuckerarten: ca. 2 g/kg Dextrose oder ca. 4 g/kg Saccharose;
bei Mischungen davon adäquate Anteile
ca. 35 % Trockenverlust

Haussalami, Heurigensalami und Salami ohne weitere Bezeichnung (Sorte 1 b)

70 Teile Rindfleisch I und II,
eventuell auch mageres Schweinefleisch
30 Teile Speck
Zucker- und Zuckerarten wie Sorte 1 a
ca. 32 % Trockenverlust.

Streichfähige Rohwürste

Teewurst, Mettwürste mit hervorhebender Bezeichnung (Sorte 1)

25 Teile Rindfleisch I
40 Teile mageres sehnenarmes Schweinefleisch
35 Teile Speck
Zucker- und Zuckerarten: ca. 4 g/kg Dextrose oder ca. 6 g/kg Saccharose; bei Mischungen davon adäquate Anteile

Mettwurst (Sorte 2)

60 Teile Rindfleisch II oder Schweinefleisch
40 Teile Speck
Zucker- und Zuckerarten wie Sorte 1

Rohwürste ohne Belag

Schnittfeste Rohwürste

Rohwürste mit einem Hinweis auf ausländische Herstellungsweisen in der Bezeichnung oder Aufmachung oder in Wortverbindung mit „Katen-“, „Schlack-“ oder „Schinken-“ und solche mit hervorhebender Bezeichnung (Sorte 1)
70 Teile Rindfleisch I oder sehnenarmes mageres Schweinefleisch, mit „Schinken-“ bezeichnete Rohwürste ausschließlich Schweinefleisch
30 Teile Speck
Zucker- und Zuckerarten: ca. 4 g/kg Dextrose oder ca. 6 g/kg Saccharose; bei Mischungen davon adäquate Anteile
ca. 30 % Trockenverlust

Plockwurst, Cervelatwurst, Jagdwurst, Kaminwurzen, Boxerl und dgl. (Sorte 2)

70 Teile Rindfleisch II
oder mageres Schweinefleisch

30 Teile Speck
Zucker- und Zuckerarten wie Sorte 1
ca. 30 % Trockenverlust

Knoblauchwurst, Hauswürstel, roh

Wie Plockwurst, Cervelatwurst, Jagdwurst, Kaminwurzen, Boxerl und dgl., jedoch ca. 15 % Trockenverlust. Knoblauchwurst wird in Schweinssaitlinge abgefüllt. Hauswürstel roh werden bei nicht mehr als 25 °C geräuchert.

Regional werden Hauswürstel, roh, auch als „Bauernkrainer" bezeichnet. „Hauswürstel, roh" werden verpackt als solche bezeichnet; werden sie unverpackt in Verkehr gebracht, genügt die Bezeichnung „Hauswürstel".

DIE HERSTELLUNG VON KOCHWÜRSTEN

Kochwürste werden im Unterschied zu Brühwürsten aus vorgebrühten Basismaterialien, unter Beigabe von Salz und Gewürzen hergestellt und können nach der Erhitzung auch geräuchert werden. Kochwürste, wie Presswurst, Blutwurst, Pasteten und dergleichen, sind nur von geringer Haltbarkeit. Nach österreichischem Handelsbrauch sind diese Produkte im Ganzen oder in Teilstücken, gekühlt bis maximal 6 °C gelagert, mindestens 14 Tage haltbar.

Ausgangsmaterialien

Für die Herstellung von Kochwürsten werden die Ausgangsmaterialien Fleisch, Innereien, Schwarten etc. vor der Verarbeitung gebrüht. Dabei dürfen diese auf keinen Fall verkocht werden, weil einerseits verkochtes Material Kochverluste mit sich bringt, andererseits kollagenhaltiges Material, wie Schwarten, an Bindefähigkeit verliert. Bei der Garung im Wasserkessel sollte die Gartemperatur am besten 92 °C betragen. Um einen Brühverlust durch Kesselbrühe auszugleichen, sollte vor und nach dem Garen gewogen werden.

Die Verarbeitung der gegarten Basismaterialien sollte zügig durchgeführt werden, da Kochwürste heiß hergestellt werden. Kollagenhaltige Produkte, wie Schwarten, brauchen eine bestimmte Temperatur, sonst erstarren sie im Herstellungsprozess. Kochwürste werden meistens in Naturdärme gefüllt. Diese müssen vor dem Füllen in lauwarmem Wasser gewässert werden, um die eingetrockneten Eiweiße des Darms zu quellen. Dadurch lassen sich die Würste besser füllen und nehmen auch eine schöne Form an.

Kochwürste werden nach der Befüllung durchgegart. Das kann in einem Wasserkessel, oder in speziellen Kochapparaten, auch unter Vakuum, erfolgen. Die Kerntemperatur von Kochwürsten sollte zwischen 73–75 °C betragen, Leberwürste sollten bei einer Kerntemperatur von 70–72 °C gegart werden.

WICHTIG

Kollagenhaltige Produkte brauchen eine bestimmte Temperatur, sonst erstarren sie im Herstellungsprozess.

Herstellungsrichtlinien und Einteilung von Kochwürsten im Österreichischen Lebensmittelbuch (Auszug)

Pasteten

Schnittfeste Pasteten werden als Kasten- oder Tunnelpasteten hergestellt und mit Alufolie oder mit Speckplatten und Alufolie umhüllt. Streichfähige Pasteten und Cremes werden in der Regel in Gläsern, Tongefäßen, allenfalls in Tuben oder als Konserven erzeugt. Die streichfähigen Pasteten und Cremes sind von weicherer Konsistenz.

Pasteten werden aus Pastetenbrät, bestehend aus Rindfleisch I, Schweinefleisch, Kalbfleisch und Speck, ohne Stärke, auch unter Verwendung von Eiern und Sahne/Obers hergestellt. Vielfach werden dem Pastetenbrät namengebende Bestandteile, wie Leber (Schweineleber) oder Schinken oder Einlagen, wie Leberstücke, auch von Geflügel- oder Wildleber, Fleischstücke sowie Trüffeln, Pistazien, Nüsse, Trockenobst, Oliven oder Gewürze, zugefügt. Bei „falscher Wildpastete" werden die verwendeten Fleischstücke vorher in Blut eingelegt.

Verzierung von Pasteten

Zur Verzierung von schnittfesten Pasteten und Rouladen können mit Blut gefärbte Brätstückchen verwendet werden. Wird anstelle von Trüffeln Trüffelersatz verwendet, wird darauf in der Sachbezeichnung hingewiesen. In Terrinen gefüllte Pasteten werden mit gesäuerter Gelatine übergossen. Der Speckrand ist so dünn wie möglich zu halten und wird, ebenso wie der Gelatineüberguss, in die Analyse nicht einbezogen.

Geflügelpasteten werden aus Pastetenbrät, das entweder aus Puten- oder aus Hühnerfleisch besteht, auch mit Geflügelfett, mit oder ohne Geflügelfleisch- oder Geflügellebereinlage hergestellt.

Schnittfeste Kochwürste

Bei diesen Produkten werden Zusammenhalt und Schnittfestigkeit durch Aspik oder Gelee bewirkt. Schnittfeste Kochwürste werden in Sulzwürste, schnittfeste Blut-, Zungen- und Leberwürste sowie in Aspik- und Geleeprodukte eingeteilt. Einige Rezepte sind als Beispiele angeführt.

Schinkenpresskopf (Sulzwürste, Sorte 1 a)

mindestens 50 Teile gepökeltes, mageres Schweinsschlögelfleisch
höchstens 50 Teile Aspik oder Gelee

Presswurst (Sulzwürste, Sorte 2)

mindestens 50 Teile gepökeltes oder ungepökeltes, gekochtes Schweinskopffleisch mit Schwarte, Schwarten, allenfalls Herz oder Zunge
höchstens 50 Teile Aspik oder Gelee, allenfalls Gemüse und gepökeltes Blut

Sulz, Haussulz, Geflügelsulz (Sulzwürste, Sorte 3)

mindestens 30 Teile gepökeltes oder ungepökeltes, gekochtes Schweinskopffleisch mit Schwarte, Schwarten, eventuell Herz, Zunge; bei Geflügelsulz Geflügelfleisch, auch mit Haut
höchstens 50 Teile Aspik oder Gelee
allfällige Restmenge Gemüse
oder gekochtes Ei

Zungenwurst und hervorhebend bezeichnete schnittfeste Blut- oder Leberwurst (Sorte 1)

mindestens 50 Teile gepökelte, geschälte Schweinszungen, Rindszungen oder Kalbszungen, Speck, Schwarten
höchstens 50 Teile Brühe und Schweineblut
bei hervorhebend bezeichneten Produkten mit Fleischeinlage mindestens 50 Teile gepökeltes, gekochtes Schweinsschlögelfleisch oder Schinken; Blut kann ganz oder teilweise durch Leber ersetzt werden.

Thüringer Rotwurst, Leberpresssack und dgl. (Sorte 2)

mindestens 50 Teile Schweinefleisch und Schweinskopffleisch mit Schwarte, Schwar-

ten, Leber, Zunge, Speck
höchstens 50 Teile Schweineblut und Brühe

Streichfähige Kochwürste

Die streichfähigen Kochwürste werden in drei Sorten eingeteilt. Einige Rezepte sind als Beispiele angeführt.

Kalbsleberstreichwurst, Gansleberstreichwurst, Gutsleberstreichwurst, feine Leberstreichwurst und Leberstreichwürste mit anderen hervorhebenden Bezeichnungen oder mit solchen, die auf ausländische Gebiete oder Orte hinweisen (Sorte 1)

30 Teile Leber vom Schwein oder Kalb
25 Teile mageres Schweinefleisch oder Kalbfleisch II
45 Teile fette Abschnitte

Kalbsleberstreichwurst und Gansleberstreichwurst müssen mindestens 5 % Leber der namengebenden Tierart enthalten, wobei der Gesamtlebergehalt (Schweineleber plus Leber der namengebenden Tierart) mindestens 30 von 100 Teilen betragen muss.

Leberstreichwurst (Sorte 2)

25 Teile Leber vom Schwein
22 Teile Schweinskopffleisch mit Schwarte
15 Teile Innereien (Milz, Herz, Zunge)
38 Teile fette Abschnitte mit Schwarte

Streichwurst (ohne zusätzliche Bezeichnung); Zwiebelstreichwurst (Sorte 3)

15 Teile Leber
20 Teile Schweinskopffleisch mit Schwarte
15 Teile Innereien
10 Teile gekochte Schwarten
40 Teile fette Abschnitte mit Schwarte

Bei Zwiebelstreichwurst kann der Leberanteil durch andere Innereien oder Fleisch ersetzt werden.

Fertig gekutterte Kochwurstmasse Foto: Wagner

DIE TECHNOLOGIE DES REIFENS UND LAGERNS VON DAUERWAREN

Die Inhaltsstoffe von Fleisch und Fleischwaren verändern sich im Laufe der Herstellung zu gereiften Rohwaren. Viele neue Verbindungen entstehen, die einerseits den Geschmack und andererseits auch die Haltbarkeit solcher Produkte positiv oder negativ beeinflussen können. Das Ziel der Reifetechnologie ist die bewusste Steuerung dieser biochemischen und mikrobiellen Vorgänge in der Herstellung sicherer, haltbarer und geschmacklich ausgezeichneter Produkte.

Luftfeuchtigkeit und Luftbewegung

Neben der Reifetemperatur spielen vor allem die relative Luftfeuchtigkeit und die

In neu ausgestatteten Reiferäumen haben sich Metallgestänge auf Rädern sehr gut für das Aufhängen der verschiedensten Rohpökelwaren bewährt. Foto: © Wagner

Luftbewegung im Reiferaum eine wichtige Rolle. Diese sollen eine möglichst gleichmäßige Abtrocknung der Produkte gewährleisten und müssen je nach Produkt aufeinander abgestimmt werden. Die Abtrocknung der Dauerwaren im so genannten Naturreifeverfahren, ohne moderne Kälte- und Reifetechnologie, wurde in früheren Zeiten vor allem in den kalten Monaten, die ein „r" im Namen haben, durchgeführt. Die Feuchtigkeit im Inneren von Dauerwaren steht in einem ganz bestimmten Verhältnis zur äußeren Luftfeuchtigkeit im Reife- bzw. Lagerraum. Bei Störung dieses Verhältnisses können Trocknungsfehler entstehen, die zum Anlaufen und zum Verderb der Produkte führen können.

Die Wasseraktivität (aw-Wert) bestimmt das genaue Verhältnis von Luftfeuchtigkeit im Reifungs- bzw. Trockenraum und den Gehalt an freiem Wasser in Dauerwaren während der Reifung und Lagerung.

TIPP

Der Hobbyselcher hat meistens nicht die Möglichkeit, seine Produkte professionell gesteuert zu reifen und zu lagern. Für die Reifung kann auch die Räucherkammer selbst verwendet werden. Die gewünschte Luftfeuchtigkeit und die gewünschten Temperaturen können auch mit nassen Tüchern bzw. Elektroradiatoren erreicht werden. Auf keinen Fall aber dürfen Hygro- und Thermometer fehlen. Üblicherweise werden für die Lagerung oft die Speisekammer, ein trockener Keller, aber auch der Dachboden verwendet.

EINFLUSSGRÖSSEN BEI DER HERSTELLUNG UND LAGERUNG VON DAUERWAREN

Die Reifung von Dauerwaren hat das Ziel, diese für eine bestimmte Zeit haltbar, d. h. mikrobiologisch stabil zu machen. Folgende Einflussgrößen sind für das Erreichen der gewünschten Haltbarkeit von Dauerwaren von großer Bedeutung:

- Die Ausgangsmaterialien für die Herstellung von Dauerwaren müssen von einer definierten Qualität bezüglich der hygienischen Beschaffenheit (geringer Keimgehalt Frischfleisch) und Fleischqualität (pH-Wert, kein PSE-, DFD-Fleisch etc.) sein. Auch die Qualität der verwendeten Fette muss einwandfrei sein (kernig, fest, weiße Farbe, Polyensäuregehalt kleiner als 15 %), damit im Zuge der Lagerung und Reifung die Oxidation der Fettsäuren verzögert wird. Fette mit hohem Polyensäuregehalt neigen zu frühzeitiger Ranzigkeit.

HINWEIS

Stumpfe Messer oder schlecht schneidende Kutter zerstören die Zellstruktur und machen die Masse anfällig für Verderb!

- Die Verarbeitungstechnologie muss den lebensmitteltechnologischen Standards für die Herstellung von rohen Dauerwaren angepasst sein. Schlecht schneidende Kutter bzw. stumpfe Messer im Fleischwolf zerstören die Zellstrukturen und machen die Masse anfälliger für Verderb

Liebe Leserin, lieber Leser,

herzlichen Dank für Ihr Interesse an unseren Büchern! Der Leopold Stocker Verlag ist ein unabhängiges Familienunternehmen, deshalb ist uns der Kontakt mit unseren Kunden besonders wichtig. Wir senden Ihnen in Zukunft gerne Informationen über unsere Neuerscheinungen zu und bitten Sie, uns Ihre Fragen, Wünsche und Anregungen mitzuteilen!

Mit herzlichen Grüßen

Mag. Wolfgang Dvorak-Stöcker

Diese Karte entnahm ich dem Buch: ______________________

Fragen/Anregungen/Kommentare und Kritik zu diesem Buch oder unserem Programm:

____

____

____

Name

Straße

PLZ Ort

Telefon

E-Mail

☐ (Pflichtfeld) Ich bestätige, dass ich das 16. Lebensjahr vollendet habe und erteile meine ausdrückliche Zustimmung, dass die von mir oben angegeben Daten durch die Leopold Stocker Verlag GmbH zum Zweck der Vertragserfüllung und Leistungserbringung verarbeitet und an Auftragsverarbeiter weitergegeben werden, UND dass

☐ die angegeben Daten durch die Leopold Stocker Verlag GmbH zum Zweck des Newsletterversands verarbeitet, an Auftragsverarbeiter weitergegeben werden und ich werbliche Informationen und Angebote via Post, E-Mail, Telefon erhalte.

Ich kann meine Zustimmung jederzeit widerrufen. Dafür wende ich mich an die Leopold Stocker Verlag GmbH (Hofgasse 5, A-8010 Graz; Tel: 0043316/821636; E-Mail: datenschutz@stocker-verlag.com). Alle Infos: www.stocker-verlag.com/datenschutz.

Datum____________ Unterschrift ____________________________

Bitte frankieren!

ANTWORTSENDUNG

Leopold Stocker Verlag

Postfach 438
Hofgasse 5
8011 Graz

und Fehlfermentationen. Hygienemängel bei der Verarbeitung können Schadkeime in die Produkte bringen.

- Vor der Herstellung von Dauerwaren müssen die nötigen Reife- und Trocknungsbedingungen im Betrieb bzw. Haushalt definiert werden: In welchen Räumen, bei welcher Temperatur und Luftfeuchtigkeit sollen die hergestellten Produkte gereift bzw. gelagert werden? Räume, in denen Dauerwaren gereift werden, müssen eine ausreichende natürliche oder künstliche Belüftung aufweisen und vor grellem Tageslicht geschützt sein.
- Die Räume, in denen gereift wird, müssen die nötigen Schutzmaßnahmen gegen Insekten und andere Schädlinge (Fliegengitter, selbstschließende Türen etc.) aufweisen. Solche Räume müssen in regelmäßigen Abständen auf Schädlinge kontrolliert werden.
- Dauerwaren sollten am besten hängend gelagert werden. Liegende Produkte können auf der Auflagefläche leicht schimmelig werden. Bei bereits verpackten Waren besteht bei ungenügender Abtrocknung die Gefahr der Kondensation.
- Fertig gereifte Dauerwaren dürfen auf keinen Fall gemeinsam mit halbfertigen oder gar rohen Produkten gelagert werden.

Bei der Nachreifung erfolgt auch die Abtrocknung der Produkte. Der Trocknungsverlust kann mit folgender Formel berechnet werden:

$$\text{Trockenverlust} = \frac{\text{Gewicht} \times 100}{100 - \text{Frischgewicht}}$$

DIE HALTBARKEIT VON FLEISCH UND FLEISCHWAREN

Die Haltbarkeit von Frischfleisch hängt von den hygienischen Voraussetzungen ab. Die Haltbarkeit von Fleischwaren hängt außerdem auch von der Warenart und der angewendeten Technologie (Erhitzen, Braten, Räuchern, Nitritverwendung, Reifen u. a.) sowie der Wasseraktivität des Produktes ab.

Die Dauer der Haltbarkeit wird vom Verpacker so bemessen, dass bei Einhaltung der deklarierten Lagerbedingungen bis zum Fristablauf eine einwandfreie Beschaffenheit gewährleistet ist. Jede Unterbrechung der vorgeschriebenen Kühlung führt zu einer Verringerung der Haltbarkeit.

Im Allgemeinen erfolgt die Deklaration von Haltbarkeitsfristen aufgrund betriebsbezogener Lagerversuche im Rahmen des redlichen Herstellungsbrauches. Bloßes Würzen ist keine die Haltbarkeit verlängernde Behandlung.

WICHTIG

Eine Unterbrechung der Kühlung führt zu einer Verringerung der Haltbarkeit!

Folgende Usancen (Handelsbräuche) gelten hinsichtlich Mindesthaltbarkeit und Lagerung von vorverpackten Fleisch- und Wurstwaren in für den Letztverbraucher bestimmten Packungen:

1. Fleischwaren, wie Bündnerfleisch, Rohschinken, Hamburger, Rohwürste und dergleichen, im Stück oder in Teilstücken: bei kühler Lagerung mindestens 45 Tage haltbar.

2. Fleischwürste, gebratene Selchwaren, wie Rauchfleisch, Bratspeck und dergleichen, im Stück oder in Teilstücken: bei gekühlter Lagerung mindestens 32 Tage haltbar.
3. Brätwürste, Kochschinken, Selchfleisch, Streichwürste, streichfähige Rohwürste, Rouladen und dergleichen in Stange, abgepasst oder in Teilstücken: Lagerung bis maximal 6 °C, mindestens 20 Tage haltbar.
4. Kochwürste, wie Presswurst, Blutwurst, Pasteten und dergleichen, im Ganzen oder in Teilstücken: gekühlt gelagert bis maximal 6 °C, mindestens 14 Tage haltbar.

Fleischwaren, wie Rohpökelwaren, Kochwürste, Rohwürste etc., können auch im Tiefkühlfach bei mindestens – 18 °C gelagert werden. Die Tiefkühldauer sollte für diese Produkte 6 Monate nicht überschreiten. Vor allem Speck und Würste mit höherem Fettanteil sind für Gefrierschäden und Oxidationen besonders anfällig. Das Einfrieren sollte möglichst rasch geschehen, um die Fleischstruktur nicht durch Bildung großer Eiskristalle zu zerstören. Viele moderne Gefriergeräte verfügen daher über eine Schockfrostkammer.

HINWEIS

Die Dauer der Tiefkühllagerung sollte sechs Monate nicht überschreiten.

HYGIENE – FÜR DIE HERSTELLUNG HOCHWERTIGER LEBENSMITTEL

Hygiene ist die Lehre von der Erhaltung und Verbesserung der Gesundheit. Viele Krankheiten können durch Unwissenheit und falsche Hygienemaßnahmen verursacht werden. Obwohl die Lebensmittelherstellung in den letzten Jahren um ein Vielfaches sicherer geworden ist, gehören Mängel in der Herstellung und im Umgang mit Lebensmitteln zu den häufigsten Hygieneverstößen.

Hygienebestimmungen sollten auch von Hobbyfleischern berücksichtigt werden, da die Herstellung einwandfreier Fleisch- und Wurstwaren nicht nur technologisches Wissen, sondern auch Grundkenntnisse der Hygiene verlangt. Dazu sind in den Ländern spezielle Leitlinien für die praxisgerechte Umsetzung der gesetzlichen Vorgaben erstellt worden, wie z. B. in Österreich die „Leitlinie für eine gute Hygienepraxis und die Anwendung der Grundsätze des HACCP bei der Schlachtung und Zerlegung von Rindern, Schweinen, Schafen, Ziegen und Pferden sowie bei der Herstellung von Fleischerzeugnissen“ (Quelle zum Nachlesen: http://www.bmgf.gv.at).

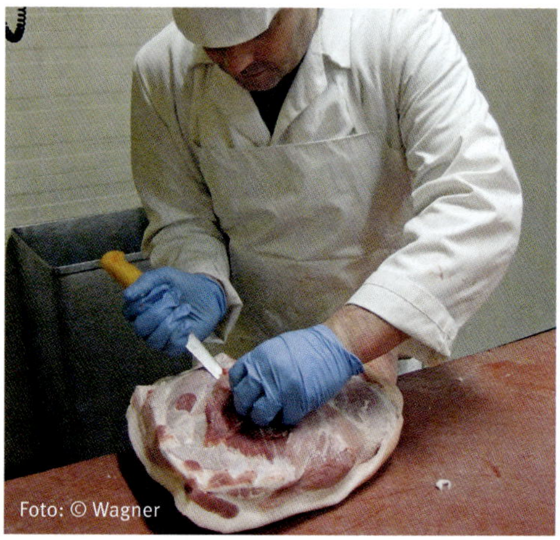

Foto: © Wagner

Fachgerechtes Arbeiten mit Frischfleisch

Foto: © LK Steiermark, Graz

REZEPTE

Die angegebenen Rezepte sind eine kleine Auswahl aus einer Vielzahl von Spezialitäten und traditionellen Herstellungsmethoden und können den regionalen Gepflogenheiten entsprechend abgewandelt werden. Sollen die Produkte auch verkauft und nicht nur für den Hausgebrauch hergestellt werden, müssen die jeweiligen Vorschriften des Lebensmittelbuchs Kapitel B 14 in Österreich bzw. die entsprechenden Leitsätze in Deutschland und der Schweiz eingehalten werden. Die Herstellungsrichtlinien und Grundrezepturen nach den gesetzlichen Vorschriften werden dabei am Ende der jeweiligen Kapitel angeführt.

Herstellungspraxis

Am Anfang jeder Produktion stehen die gute Herstellungspraxis und die lebensmitteltechnologischen Grundsätze, wie in den einzelnen Kapiteln beschrieben. Die professionelle Herstellung vieler Produkte erfordert eine nicht zu unterschätzende technische Grundausrüstung.

Da viele moderne Fleischereigeräte in normalen Haushalten, aber auch bei kleineren bäuerlichen Direktvermarktungsbetrieben nicht vorhanden sind, wurde in dieser Rezeptauswahl bewusst versucht, eher traditionelle Verarbeitungsmethoden zu berücksichtigen, wohl wissend, dass bei manchen Produkten Qualitätseinbußen hingenommen werden müssen.

Für Hobbyselcher ist es am einfachsten, die entsprechenden Fleischstücke für die gewünschten Rezepte in einem Fleischereifachgeschäft zu kaufen. Man kann dann diese Gelegenheit auch nutzen und sich vom Fleischhauer fachlich beraten lassen, der auch bei der Fleischwahl behilflich sein kann. Viele Produktvorstufen für die Verarbeitung im Hausgebrauch, wie z. B. das Brät, können in einem Fleischereifachgeschäft fertig bezogen werden.

Generell ist zu bemerken, dass man, bevor man sich dazu entschließt, das Räuchern zum Hobby zu machen, die gegebenen Voraussetzungen überprüfen sollte und es zuerst eher mit maschinentechnisch einfacher herzustellenden Produkten, wie z. B. kleineren Stücken Selchfleisch, versuchen sollte. Manche Brühwürste, wie Schinkenwurst, Käsewurst etc., verlangen Erfahrung und eine über die Haushaltstechnik hinausgehende technologische Ausrüstung.

SCHINKEN, SPECK UND SURFLEISCH

Knochenschinken, roh, im Ganzen

Die Herstellung von Knochenschinken ist die hohe Kunst der Fleischverarbeitung und sollte erst mit einer gewissen praktischen Erfahrung in der Herstellung von Fleischprodukten versucht werden. Knochenschinken, roh, kann sowohl durch reine „Luftreifung“ als auch mit mehr oder weniger Kaltraucheinwirkung hergestellt werden. Knochenschinken werden üblicherweise trocken gepökelt. Die natürliche feine Aromabildung eines ganzen Rohschinkens mit Knochen sollte nicht durch übermäßiges Würzen mit unterschiedlichen Gewürzen „gestört“ werden. Aber auch hier kann ganz nach Geschmack vorgegangen werden.

Knochenschinken und andere Räucherwaren können in der Reifekammer am einfachsten auf einem Holzgestell aufgehängt werden.

Pökelstoffe je kg Fleisch

30 g Kochsalz oder Meersalz, grobkörnig
eventuell Gewürze nach Geschmack
0,3 g Salpeter
3 g Puder-/Staubzucker

Herstellung

Als ganze Knochenschinken eignen sich am besten Schinken mit einem Gewicht von mehr als 10 kg, die ein festes und rotes Fleisch haben und vollständig ausgeblutet sind. Das Bein wird handbreit über dem Sprunggelenk entfernt, die Beckenknochen werden mit einem Auslösemesser vorsichtig herausgenommen. Wichtig ist, dass sich kein Restblut mehr in den Adern befindet. Aus diesem Grund kann grundsätzlich eine Vorsalzung von ca. 2–3 Tagen vorgenommen werden, wobei im Anschluss daran das Restblut mit Druck herausgepresst wird. Dabei wird mit dem Handballen und dem Daumen das restliche Blut vom Bein in Richtung zum Becken herausgedrückt.

Die Schinken müssen für die Pökelung eine Kerntemperatur von etwa 5 °C haben.

Einreiben und Einmassieren

Das Einreiben und Einmassieren der Pökelmischung erfolgt mit der Hand, bis die Schwarte glänzt. Zusätzlich wird an den kritischen Punkten zwischen Bein und Röhrenknochen nach dem Sprunggelenk Salz gestopft. Das kann mit einem eigenen Stopfholz erfolgen. Dabei wird das Salz zwischen Schwarte und Schienbein in Richtung des Sprunggelenks gestopft. Das eingebrachte Salz verteilt sich durch Diffusion gleichmäßig und führt eine Austrocknung des Gelenkwassers herbei. Die Pökelung selbst erfolgt wie beschrieben.

Die Pökeldauer beträgt bei einem Knochenschinken von ca. 10 kg mindestens 4–5 Wochen. Während der Pökelzeit sollte der Schinken mindestens zweimal umgepackt und nachgesalzen werden. Nach Beendigung der Pökelung wird das restliche Salz vom Schinken entfernt.

HINWEIS

Während der Pökelzeit sollte der Schinken mindestens zweimal umgepackt und nachgesalzen werden.

Das Durchbrennen der Schinken dauert bei ca. 8 °C noch einmal ca. drei Wochen.

Nach dem Durchbrennen werden die Schinken mit einer Bürste mit lauwarmem Wasser gereinigt und ca. zwölf Stunden mit fließendem kalten Wasser gewässert. Vor dem Räuchern werden die Knochenschinken mit dem Eisbein nach unten auf einem Lattenrost aufgestellt, damit das in das Stopfloch eingedrungene Wasser ablaufen kann.

Reifung bzw. Kalträucherung

Die abgetrockneten Schinken werden zur Reifung bzw. Kalträucherung in Intervallen (z. B. drei Intervalle zu sechs Stunden, verteilt über eine Woche) mit einer Kreuzverschnürung aufgehängt. Die Reifung erfolgt bei einer Reifungstemperatur nicht über 12 °C, bei einer Luftfeuchtigkeit von ca. 72 % und dauert mehrere Monate.

Rohschinken ohne Knochen, roh oder gekocht; Steirischer Osterschinken (Frikandeau, Nuss, Kaiserteil, Schluss)

Für die Herstellung von Rohschinken eignet sich besonders der Schlegel des Schweins mit den Teilstücken Frikandeau, Nuss und Kaiserteil, aber auch der Schlussbraten kann mitverwendet werden. Die Teilstücke müssen sauber voneinander getrennt sein und mögliche „Anhängsel" durch Zuputzen entfernt werden. Wie für alle Schinken gilt auch hier als Grundvoraussetzung zur Erreichung der gewünschten Qualität eine vorausgegangene ausgiebige Reifung des Fleisches. Die genannten Teilstücke des Schinkens ohne Knochen werden am besten in einer trockenen Pökelung ohne Lakeablauf hergestellt.

Pökelstoffe je kg Fleisch

30 g Nitritpökelsalz
10 g Gewürze, grob zerkleinert (Wacholder, Koriander, Kümmel, Knoblauch, Pfeffer etc.)
3 g Puder-/Staubzucker
Umrötehilfsmittel (z. B. 0,5 g Ascorbat)

Herstellung

Die Schinken werden von Hand aus mit der Pökelmischung gut eingerieben und fest in ein Pökelgefäß ohne Ablauf geschlichtet. Dabei sollten die schwereren Teilstücke am Boden des Gefäßes zum Liegen kommen. Nach jeder Lage sollte eine Schicht Salz gestreut werden. Im Laufe der Trockenpökelung bildet sich von selbst eine Naturlake, die die Fleischstücke bedeckt. Zur Sicherheit kann nach ca. einer Woche mit einer 12-gradigen Lake aufgegossen werden, damit eine vollständige Bedeckung der Fleischstücke mit Pökellake gewährleistet ist.

TIPP

Pökeln Sie Teilstücke des Schinkens ohne Knochen am besten trocken. Naturlake bildet sich von selbst und bedeckt die Fleischstücke.

Pökelung

Die Pökelung selbst wird bei einer Temperatur von maximal 5–6 °C ca. 3–4 Wochen lang durchgeführt. Mindestens einmal sollte im Verlauf der Pökelung eine Umschichtung der Fleischstücke erfolgen. Da bei dieser Methode die Gefahr besteht, dass vor allem größere Stücke nicht bis in den Kern durchgepökelt werden, muss nach der Pökelung eine ausgiebige Durchbrennzeit eingehalten werden (ca. drei Tage bei 8 °C). Davor werden die Fleischstücke für eine Stunde mit kaltem Fließwasser gewässert.

Die abgetrockneten Schinkenstücke werden in 3–4 Intervallen kalt geräuchert, bis sie eine schöne goldbraune Farbe erhalten. Nach einer kurzen Reifezeit von ca. 1–2 Wochen sind die Schinkenteilstücke für den Rohgenuss geeignet.

Kochschinken

Die Schinkenstücke können sofort nach dem Räuchern auch zu den traditionellen Kochschinken verarbeitet werden, wie dies z. B. beim Steirischen Osterschinken gemacht wird. Das Kochen der Schinken muss in einem ausreichend großen Gefäß (Kessel) erfolgen. Die Siedetemperatur und die Dauer des Kochens (eigentlich Brühens) spielen für die Endproduktqualität eine sehr große Rolle. Pro kg Fleisch wird eine Kochzeit von ca. einer Stunde bei 72–75 °C benötigt. Die Kerntemperatur von 72 °C muss erreicht werden.

Wird bei zu hoher Temperatur zu lange gekocht, wird das Fleisch in seiner Konsistenz trocken, bei zu niedriger Temperatur glasig bis gummiartig im Biss.

Eine weitere Möglichkeit besteht im Garen durch Wasserdampf. Durch Kombinationsschränke, in denen sowohl gegart und gebraten werden kann, wird durch die schnell bewegte heiße, feuchte Luft eine besonders schonende Garung erzielt.

Rohschinken im Anschnitt Foto: © Wagner

Foto: © Landwirt-Media/Angelika Leitner

Kochschinken ist ein typischer Bestandteil der traditionellen Osterjause.

Lachsschinken (Lendbraten)

Der Lachsschinken ist eigentlich kein echter Schinken, sondern er wird aus dem Karreestück, das an den Schopf anschließt, gewonnen.

Herstellung

Lachsschinken wird sehr mild nass gepökelt und zeichnet sich durch seine besondere Zartheit aus. Die fertig zugeputzten Stücke werden von Hand aus eingesalzen, fest in ein Pökelgefäß geschlichtet und nach ca. 48 Stunden mit einer 10–12-gradigen Pökellake übergossen. Der Pökellake können verschiedene Gewürze (Wacholder, Lorbeer, Knoblauch etc.) zugegeben werden.

Für die Herstellung sind die technologischen Hinweise im Kapitel über das Pökeln zu befolgen. Alle Fleischstücke müssen vollständig von der Pökellake bedeckt sein. Die Pökelung erfolgt bei einer Temperatur von 5–6 °C ca. 10–14 Tage lang. Im Anschluss an die Pökelung werden die Fleischstücke mit warmem Wasser abgewaschen und für 1–2 Tage bei 8–10 °C zum Durchbrennen und Abtrocknen aufgehängt. Die Räucherung erfolgt im Kaltrauch (max. 30 °C) sehr schonend in 3–4 Intervallen zu je ca. vier Stunden.

Der klassische Lachsschinken wird mit einer umhüllenden Fettplatte hergestellt, um das zarte Fleisch vor Austrocknung zu schützen. Mittlerweile gibt es aber viele Varianten der klassischen Form von Lachsschinken, die vakuumiert in den Handel kommen.

Der Lachsschinken ist sofort nach der Herstellung, also nach ca. 3–4 Wochen genussfertig und muss nicht mehr nachreifen.

Lachsschinken nach bäuerlicher Tradition
Foto: © LK Steiermark, Graz

Tiroler Schinkenspeck

Der Tiroler Schinkenspeck ist ein Teilschinken ohne Knochen, bestehend aus dem Schlegel des Schweins (Nuss, Kaiserteil, Frikandeau), und wird zur Erhaltung seiner typisch flachen Form nach der Pökelung in einer Schinkenpresse gepresst. Die Pökelung kann sowohl als Trockenpökelung als auch als gemischte Pökelung erfolgen. Der Tiroler Schinkenspeck zeichnet sich durch seine herzhafte Würzung und Kalträucherung aus.

Pökelstoffe je kg Fleisch

30 g Nitritpökelsalz
2 g weißer Pfeffer, gemahlen
2 g Knoblauchgranulat
6 g Naturgewürze, gebrochen (Wacholder, Koriander, Kümmel, Lorbeerblatt etc.)
eventuell Tiroler-Schinkenspeck-Gewürz-Mischung

Herstellung

Die Schinken werden von Hand aus mit den Pökelstoffen eingerieben und dicht in das Pökelgefäß geschlichtet. Bei der Trockenpökelung (3–4 Wochen) ist zu beachten, dass eine regelmäßige Umschichtung der Stücke erfolgt, d. h., die oberen Schinkenstücke kommen nach unten und umgekehrt. Bei einem Lakeablauf muss auch einmal nachgesalzen werden.

Nach dem Durchbrennen der Schinken (eine Woche, 6–8 °C) erfolgt eine Wässerung mit kaltem Fließwasser für ca. sechs Stunden. Tiroler Schinkenspeck wird nach erfolgter Abtrocknung ausgiebig in Kaltrauch geräuchert.

Bei der gemischten Pökelung wird nach ca. fünf Tagen mit einer 12–15-gradigen Pökellake aufgegossen, so dass alle Stücke bedeckt sind, und weitere 10–12 Tage nass gepökelt. Das Durchbrennen des Schinkenspecks erfolgt zwei Tage lang bei 6–8 °C.

Fein aufgeschnittener Rohschinken Foto: © Wagner

Osso Collo

Osso Collo wird der ausgelöste Schopf ohne Speck genannt. Osso Collo kann mit der gemischten Pökelmethode hergestellt werden.

Pökelmischung für 1 kg Fleisch

26–28 g Nitritpökelsalz
6–10 g Pökelgewürze nach Geschmack (Knoblauch, Pfeffer, Wacholder, Koriander, Kümmel, Piment etc.)
4 g Puder-/Staubzucker
eventuell 0,5 g Ascorbat Umrötehilfsmittel

Herstellung

Der ausgelöste Schopf wird mit der Pökelmischung gut eingerieben und ca. fünf Tage lang trocken gepökelt. Dann erfolgt der Aufguss mit einer 12–15-gradigen Pökellake, und es wird für ca. 10–14 Tage nass weitergepökelt. Die Hygiene- und Temperaturvorschriften sind, wie im Kapitel Pökeln beschrieben, genau einzuhalten.

Vor dem Räuchern wird der gepökelte Schopf gut an der Luft getrocknet (ca. 24 Std.) und kann vor dem Räuchern in einen Bimmerling oder Faserdarm gepresst werden, der abgeschnürt wird. Die Räucherung erfolgt in ca. fünf Intervallen zu etwa 20 Stunden mit ausgedehnter Frischluftzufuhr dazwischen. Nach 4–5 Monaten Reifung bei 12 °C ist diese Spezialität genussreif.

Gut gereiftes Osso Collo Foto: © LK Steiermark, Graz

Surfleisch

Als Surfleisch wird gepökeltes Fleisch (Schinken, Schulter) ohne nachfolgende Räucherung bezeichnet.

Pökelstoffe je kg Fleisch

28 g Nitritpökelsalz
2 g Puder-/Staubzucker
2 g Pfeffer
4 g Naturgewürze, gemahlen (Wacholder, Koriander, Lorbeerblatt, Knoblauch etc.)

Herstellung

Surfleisch wird in gemischter Pökelweise hergestellt. Die 1–2 kg schweren Fleischstücke werden mit den Pökelstoffen eingerieben und für ca. 3–4 Tage trocken bei 5–6 °C gepökelt. In dieser Zeit sollte sich eine Naturlake bilden, die nicht abgelassen werden darf. Das Pökelgut wird umgeschlichtet und mit einer 12-gradigen Pökellake vollständig bedeckt. Die Nasspökelung dauert noch ca. 10–14 Tage.

Surfleisch sollte gleich im Anschluss an die Pökelung weiterverarbeitet werden (Kochen, Braten) und ist aufgrund der fehlenden Rauchkonservierung nur bedingt haltbar.

Kärntner Bachenspeck

Bachenspeck wird von ausgesprochenen „Speckschweinen" mit mindestens 140 kg Lebendgewicht gewonnen, die mit einem hohen Gerstenanteil gefüttert wurden. Zusatz von Roggen in der Fütterung gibt dem Speck eine schöne blütenweiße Farbe. Wildblumen, Wiesenkräuter und Heu in der Fütterung sind nicht nur für die Gesundheit und Verdauung der Tiere wichtig, sie verleihen dem Speck auch ein besonderes Aroma.

Für die Herrichtung des Bachenspecks gibt es unterschiedliche Methoden, die in Anlehnung an die Ausführungen der Kärntner Fleischverarbeitungsexpertin und landwirtschaftlichen Fachlehrerin, Frau Gudrun Aichwalder, beschrieben werden:

a) Herrichtung von der Bauchseite ausgehend

Nach dem Schlachten wird das Schwein hängend von der Bauchseite her geöffnet und entlang der Wirbelsäule gespalten. Kopf, Hals bis Schulteranfang sowie die Stelzen werden abgesetzt. Ebenso wird das Filetstück (Fischerl) entfernt.

Alle Arbeiten erfolgen im Zustand, in dem die Totenstarre noch nicht eingetreten ist. Mit genauen Schnitten werden die Knochen vom Fleisch gelöst. Die knochenlose Fleischplatte aus Karree, Schulter, Schlegel und Bauch, zusammen als Bache bezeichnet, wird sauber zugeschnitten, so dass keine Einschnitte sichtbar sind.

b) Herrichtung von der Rückenseite ausgehend

Bei dieser Methode wird das Schwein mit dem Bauch nach unten auf einen Holzbock gelegt. Entlang der Wirbelsäule wird vom Kopf bis zum Schwanz durchgeschnitten. Dabei darf die Wirbelsäule nicht durchtrennt werden.

Die Fleisch- und Speckteile werden von oben von den Knochen abgelöst. Innereien und Knochen werden abgehoben und das Tier in der Mitte des Bauchs in zwei Bachenhälften geteilt.

Da bei dieser Verarbeitungsmethode alle Innereien während der Schnittführung und Zerlegung noch im Tier sind, ist auf eine besonders vorsichtige Schnittführung zu achten, damit die Innereien nicht verletzt werden. Aus hygienischen und lebensmitteltechnologischen Gründen sollte eher die Variante a) gewählt werden.

Herstellung

Der Bachenspeck wird auf einer hygienisch sauberen Unterlage mit Nitritpökelsalz bei maximal 6 °C Kerntemperatur ca. vier Wochen lang trocken gepökelt. Es erfolgt ein ständiges Umschichten und Nachsalzen der Bachenstücke. Nach der Pökelung werden die Bachenhälften zum Aufhängen mit einer Fleischnadel in Abständen von ca. 15 cm entlang der Bauchseite durchstochen, das überschüssige Salz wird abgeklopft, und die

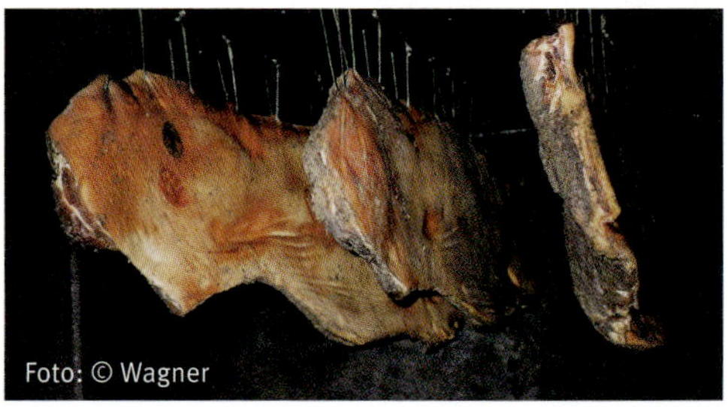
Foto: © Wagner

Kärntner Bachenspeck in der Räucherkammer

Hälften werden zum Abtrocknen aufgehängt. Die Räucherung der Bachen erfolgt ca. 6–7 Tage lang mit Kaltrauch in 20-Stunden-Intervallen mit mindestens 3–5 Stunden Frischluft dazwischen.

Die Reifung erfolgt bei einer Temperatur von maximal 12 °C bei gleichmäßiger Luftbewegung und dauert mindestens 4–5 Monate. Der Reiferaum muss frei von Ungeziefer, dunkel und gut durchlüftet sein.

Hamburger Speck

Als Hamburger Speck wird der durchzogene Bauchspeck (auch Kaiserfleisch) bezeichnet. Dieser muss gut durchwachsen sein. Der Speck wird ausgelöst, und die Rippen werden sorgfältig herausgezogen, wobei die Knochenhaut am Schinken verbleiben soll. Die Griffe (Wamme) am unteren Bauchrand wird weggeschnitten. Der Zuschnitt erfolgt viereckig in einem Stück oder in der Mitte, geteilt in zwei Teilen.

Pökelstoffe je kg Speck

30 g Nitritpökelsalz
10 g Gewürze, grob zerkleinert (Wacholder, Koriander, Kümmel, Knoblauch, Pfeffer etc.)

Herstellung

Hamburger Speck kann sowohl in einer trockenen als auch durch eine gemischte Pökelung hergestellt werden. Wird Pökellake aufgegossen, sollte diese mindestens 12 °Bé haben. Die Pökelung dauert ca. 10–14 Tage. Dickere Stücke von schwereren Schweinen müssen länger gepökelt werden. Der Bauchspeck sollte danach für die Aromabildung und Farbhaltung noch ausgiebig bei 8 °C durchgebrannt werden (5–7 Tage).

Nach dem Durchbrennen wird der Speck mit frischem Fließwasser 2–3 Stunden gewässert und wieder in Form gebracht (flach geschlagen). Mit Schlingen versehen, wird er an der Luft getrocknet und nach Geschmack mit Kaltrauch geräuchert. Setzt man dem Smokmaterial gebrochene Wacholderbeeren bei, erhält man einen besonderen Rauchgeschmack.

Hamburger Speck muss nach der Räucherung unbedingt noch für 2–3 Wochen reifen. Vor allem Speck reagiert besonders empfindlich auf Lichteinfall, da er leicht oxidieren kann. Daher sollte er lichtgeschützt und kühl gelagert werden.

Paprikaspeck

Herstellung

Für die Herstellung von Paprikaspeck darf nur fester, kerniger und entschwarteter Rückenspeck verwendet werden, der trocken, ohne Pökelstoffe ca. 14 Tage lang gesalzen

Hamburger Speck Foto: © Wagner

wird. Die Entfernung der Schwarte muss mit dem so genannten Hautspeck erfolgen. Dieser so genannte Schwartenzug hat eine Stärke von ca. 0,5 cm und ist bei der Herstellung von Paprikaspeck unerwünscht.

Nach der Salzung wird der Speck mit warmem Wasser abgewaschen und zum Abtrocknen aufgehängt. Edelsüßer Paprika wird mit warmem Wasser zu einem Brei verrührt und mit einem Pinsel gleichmäßig auf die Speckstücke aufgetragen.

Nach der Abtrocknung kann eine leichte Räucherung von zwei Tagen erfolgen. Der luftgetrocknete Speck kann aber auch in Paprikamehl gewälzt und anschließend schwach geräuchert werden. Die Qualität des Paprikas ist für den charakteristischen Geschmack dieser Spezialität von größter Bedeutung. Paprikaspeck sollte mindestens acht Wochen reifen, bevor er genussfertig ist.

Rückenspeck, natur

Herstellung

Wie Paprikaspeck mit ausgedehnter Reifung im Naturreifeverfahren. Der Unterschied besteht darin, dass der Rückenspeck nach der Salzung nicht mit Paprika bestrichen wird.

Rinderschinken (Bündnerfleisch)

Bündnerfleisch ist eine geräucherte Rindfleischspezialität, die besonders gut vom weißen und schwarzen Scherzel des Rinds gelingt. Das Bündnerfleisch stammt aus der Schweiz. Die Stücke werden quaderförmig zu ca. 2 kg hergerichtet. Das Rindfleisch muss gut von anhaftendem Fett befreit werden, ohne die Bindehaut zu verletzen.

Pökelstoffe je kg Fleisch

28 g Nitritpökelsalz
2 g weißer Pfeffer, gemahlen
5 g Naturgewürze, gemahlen (Wacholder, Koriander, Lorbeerblatt etc.)
eventuell fertige Rohpökelmischung
ca. 50 ml Rotwein

Herstellung

Das Fleisch wird mit der Pökelmischung von Hand aus eingerieben, in das Pökelgefäß geschlichtet und ca. vier Tage trocken gepökelt. Danach erfolgt der Aufguss mit einer 12-gradigen Pökellake. Hier kann auch der Rotwein zugegeben werden. Die Nasspökelung dauert ungefähr zwei Wochen.

Nach der Pökelung werden die Fleischstücke für drei Tage durchgebrannt, zwölf Stunden gewässert und nach dem Abtrocknen für die Formgebung in quadratische Flachformen gepresst. Zwischendurch wird leicht mit Kaltrauch geräuchert. Die Reifung erfolgt hängend für mindestens fünf Wochen bei 12 °C. Der Trockenverlust beträgt ca. 45 %.

Foto: © LK Steiermark / Franz Suppan

Rückenspeck natur

Foto: © LK Steiermark / Franz Suppan

Rinderschinken ist in der Schweiz als Bündnerfleisch bekannt.

Foto: © LK Steiermark / Franz Suppan

Wenig gereifter Rinderschinken

Wildschinken (Reh, Hirsch, Gams)

Auch der Schlegel vom Wild kann zu geräucherten Wildspezialitäten verarbeitet werden. Zu beachten ist, dass das Wild ausreichend gut abgelegen ist und hygienisch einwandfrei zur Verarbeitung kommt. Die eher feste Faser vom Wildfleisch verlangt nach einer guten Fleischreifung schon vor der Pökelung. Wild wird in 1–2-kg-Stücken nass gepökelt.

Pökelstoffe je kg Fleisch

28 g Nitritpökelsalz
2 g Puder-/Staubzucker
8 g Naturgewürze, gemahlen (Wacholder, Koriander, Lorbeerblatt, Pfeffer etc.)
eventuell fertige Wildgewürzmischung
ca. 50 ml Rotwein für 10 kg Wildfleisch

Herstellung

Das Wildfleisch wird mit der Salz-Gewürz-Mischung gut eingerieben, in das Pökelgefäß gelegt und mit einer 13-gradigen Lake, mit dem Rotwein vermischt, aufgegossen, so dass alle Fleischstücke vollständig bedeckt sind. Die Pökelung dauert bei einer Temperatur von 4–6 °C ca. 14 Tage.

Im Anschluss an die Pökelung werden die Fleischstücke mit klarem, kaltem Wasser abgewaschen. Danach erfolgt das Durchbrennen für ca. drei Tage bei 6–8 °C. Der Wildschinken wird äußerst schonend im Kaltrauch in mehreren Intervallen geräuchert und wird bei stärkerer Abtrocknung, hauchdünn aufgeschnitten, angeboten.

Lammschinken

Herstellung

Für die Herstellung von Lammschinken wird der ausgelöste Schlegel des Lamms verwendet. Das Lamm wird sehr mild gepökelt und zeichnet sich durch seine besondere Zartheit aus. Die fertig zugeputzten Stücke werden von Hand aus eingesalzen, fest in ein Pökelgefäß geschlichtet und nach ca. 48 Stunden mit einer 10–12-gradigen Pökellake übergossen. Der Pökellake können verschiedene Gewürze (Wacholder, Rosmarin, Oregano, Lorbeer, Knoblauch etc.) zugegeben werden.

Für die Herstellung sind die technologischen Hinweise im Kapitel über das Pökeln zu befolgen. Alle Fleischstücke sollen vollständig von der Pökellake bedeckt sein, damit keine Luftschadkeime die Pökelung negativ beeinflussen. Die Pökelung erfolgt bei einer Temperatur von 5–6 °C ca. 10–14 Tage.

Im Anschluss an die Pökelung werden die Fleischstücke mit warmem Wasser abgewaschen und für 1–2 Tage bei 8–10 °C zum Durchbrennen und Abtrocknen aufgehängt. Die Räucherung erfolgt im Kaltrauch sehr schonend in 3–4 Intervallen. Lammschinken kann roh wie gekocht gereicht werden.

Lammschinken

Rehschinken

Rehschinken

Geräucherte Geflügelbrust (Huhn, Ente, Pute, Gans)

Für die Pökelung von Geflügel wird die Nasspökelmethode verwendet. Die Hygienevorkehrungen für die Verarbeitung von Geflügel sind unbedingt zu beachten.

Herstellung

Die fertig zugeputzten Geflügelbrüste werden von Hand aus eingesalzen, in ein Pökelgefäß geschlichtet und nur ganz leicht beschwert. Damit die Lake, die gewöhnlich in genügender Menge selbst entsteht, die Fleischstücke gleichmäßig umfließt, werden die Geflügelbrüste nach 3–4 Tagen umgepackt (obere nach unten und umgekehrt). Fehlende Lake wird mit einer 12-gradigen Pökellake ersetzt.

Für die Herstellung sind die technologischen Hinweise im Kapitel über das Pökeln zu befolgen. Alle Fleischstücke müssen vollständig von der Pökellake bedeckt sein. Die Pökelung erfolgt bei einer Temperatur von 5–6 °C ca. 5–7 Tage lang, je nach Größe der Geflügelbrüste.

Im Anschluss an die Pökelung werden die Fleischstücke mit kaltem Wasser abgewaschen und zum Abtrocknen aufgehängt. Die Räucherung erfolgt im Warmrauch in 2–3 Intervallen. Im Anschluss an das Räuchern können die Geflügelbrüste auch gekocht werden und sind so sofort genussfertig.

Foto: © LK Steiermark / Franz Suppan

Geräucherte Putenkeule mit Gewürzen

WÜRSTE

Rohwürste

Ungarische Salami

Grundrezept für 10 kg Masse

7,2 kg Schweinefleisch, mager
2,8 kg Rückenspeck

Gewürze für 1 kg Masse

28 g Nitritpökelsalz
2 g Puder-/Staubzucker
1,5 g Pfeffer, gerissen
frischer Knoblauch oder Knoblauchgranulat nach Geschmack (ca. 1 g), eventuell Reifekulturen, eventuell Mischgewürz für Salami

Herstellung

Das magere Schweinefleisch zum Wolfen in ca. 300 g große Stücke schneiden und für 2–3 Tage im Kühlraum auf einer schrägen Auflage einsalzen und vorpökeln. Austretender Fleischsaft fließt ab und darf für die Wurstproduktion nicht verwendet werden. Das Fleisch mit der 8-mm-Lochscheibe wolfen. Der Speck anfrieren und kleinwürfelig schneiden. Alle Zutaten mischen und gut durchkneten. Es muss zügig gearbeitet werden, damit die Masse möglichst kalt bleibt.

Die Ungarische Salami zeichnet sich durch eine besondere Feinkörnigkeit des Speckanteils aus. Will man die erreichen, muss die gesamte Masse vor dem Füllen noch einmal mit einem Wiegemesser auf

Gerstenkorngröße gehackt oder die gesamte Masse mit der 3-mm-Lochscheibe gewolft werden.

Herstellungsvariante mit Kutter

Das Schweinefleisch wird gefroren bis auf ca. 0,5 mm gekuttert. Die Starterkulturen und Gewürze werden zugegeben und eingekuttert. Der gefrorene Speck wird auf die gewünschte Größe eingekuttert. Die Umlaufgeschwindigkeit des Kutters wird abwechselnd in langsame und schnelle Runden eingestellt. Beim Kuttern wird das Nitritpökelsalz erst in den letzten Kuttergängen beigemischt. Das Salamibrät wird in Salamidärme gefüllt. Dieser Vorgang muss luftfrei durchgeführt werden.

Die Reifung der Salami erfolgt nach der langsamen Methode ohne Kaltrauch. Eine leichte Kalträucherung zwischen den Reifeschritten ist möglich und schützt die Würste vor unerwünschtem Schimmelbefall.

Reifeprogramm in vier Schritten

1. Abtrocknung: Die frisch gefüllten Salamiwürste werden ca. sechs Stunden bei 22–24 °C und einer sehr niedrigen Luftfeuchtigkeit von ca. 60 % abgetrocknet.
2. Reifeschritt 1: vier Tage 20 °C, relative Luftfeuchtigkeit von 94 % auf 90 %.
3. Reifeschritt 2: zehn Tage 18 °C, relative Luftfeuchtigkeit von 90 % auf 80 %.
4. Reifeschritt 3: 5–8 Wochen bei 12–15 °C, relative Luftfeuchtigkeit von 80 % auf 70 %.

Die Ungarische Salami weist einen weißen Edelschimmelbelag auf. Der Edelschimmelbelag wird durch Beimpfen (Tauchen) der Würste in eine Kulturlösung nach Angaben der Kulturenhersteller erzeugt. Die Abtrocknung der Ungarischen Salami erfolgt auf ca. 35 % Trockenverlust.

Haussalami 1

Grundrezept für 10 kg Masse

3,5 kg Schweinefleisch, mager
3,5 kg Rindfleisch I oder II
3 kg Rückenspeck

Gewürze für 1 kg Masse

wie Ungarische Salami, je nach Geschmack
1/8 l Weinbrand

Herstellung

Wie Ungarische Salami (Seite 104), aber gröberes Schnittbild. Vor der Zerkleinerung können die Fleischsorten in kleineren Stücken trocken gepökelt werden. Das Rindfleisch wird mit der Feinscheibe des Fleischwolfs zerkleinert, das Schweinefleisch mit der Grobscheibe.

Foto: © Wagner

Haussalami und Salami mit Kürbiskernen

Foto: © DSR Rypka

Ungarische Salami im Anschnitt

Zur besseren Bindigkeit kann dem Rindfleischbrät vor der Vermischung mit dem Schweinefleisch ca. 50 ml Rotwein zugegeben werden. Zur Erreichung einer kompakteren Bindung sollte die fertige Brätmasse vor dem Füllen 5–8 Stunden bei Kühlraumtemperaturen rasten und wird anschließend nicht mehr geknetet. Die Abtrocknung beträgt aufgrund des Rindfleischanteils ca. 32 %.

Haussalami 2

Grundrezept für 10 kg Masse
5,5 kg Schweinefleisch, mager
2 kg Rindfleisch I oder II
2,5 kg Rückenspeck

Gewürze für 1 kg Masse
wie Ungarische Salami, je nach Geschmack

Herstellung
wie Haussalami 1

Jagdrohwurst

Grundrezept für 10 kg Masse
7,0 kg Rindfleisch I
eventuell 10 % Schweinefleisch, mager
3 kg Rückenspeck

Gewürze für 1 kg Masse
wie Ungarische Salami, je nach Geschmack

Herstellung
Das Rindfleisch für die Herstellung von Jagdwurst (Jagdsalami) sollte aus Konsistenzgründen am besten von einer Kuh stammen. Die Abtrocknung beträgt aufgrund des Rindfleischanteils ca. 32 %.

Plockwurst

Grundrezept für 10 kg Masse
7 kg Rindfleisch I
3 kg Speck

Gewürze für 1 kg Masse
28 g Nitritpökelsalz
2 g Puder-/Staubzucker
2 g weißer Pfeffer
Knoblauch nach Geschmack
(ca. 0,5 g Knoblauchpulver)
Starterkulturen

Herstellung
Das Rindfleisch für die Herstellung einer Plockwurst soll trocken und von guter Farbe sein. Das vorgekühlte Rindfleisch wird mit einer 3-mm-Lochscheibe gewolft. Der gefrorene Speck wird in kleine Würfel geschnitten. Das Rindfleischbrät muss gut abgebunden werden, bevor die Speckteilchen eingemischt werden. Bei der Weiterverarbeitung im Kutter werden das gewolfte Rindfleisch sowie der geschnittene Speck mit einem Drittel des Nitritpökelsalzes vermengt. Das Einkuttern der Gewürze erfolgt bis zur gewünschten Endkörnung. Der Rest des Nitritpökelsalzes wird in den letzten Kutterrunden zugegeben. Traditionell wurde die Plockwurst grobkörnig hergestellt, die Speckstücke weisen die Größe von kleinen weißen Bohnen auf. Die Wurstmasse wird in weite Mitteldärme mit Kalibern von 70–90 mm gefüllt. Die Reifung erfolgt im mittleren oder langsamen Naturreifeverfahren. Die Würste werden zwischen den Reifephasen kalt geräuchert.

Schinkenplockwurst

Grundrezept für 10 kg Masse
4 kg Schweinefleisch, mager
3 kg Rindfleisch
3 kg Speck
für die gesamte Masse 8 cl Rum

Gewürze für 1 kg Masse
28 g Nitritpökelsalz
2 g Puder-/Staubzucker
2 g weißer Pfeffer
0,3 g Paprika
Starterkulturen

Herstellung
Die Herstellung erfolgt wie bei der Plockwurst. Die Füllung der Wurstmasse erfolgt in Mitteldärme mit Kalibern von ca. 60 mm. Die Reifung kann im mittleren oder langsamen Naturreifeverfahren erfolgen. Die Würste werden zwischen den Reifephasen kalt geräuchert.

Cervelatwurst (Thüringen)

Grundrezept für 10 kg Masse
3,5 kg Schweinefleisch, mager
3 kg Rindfleisch
3,5 kg Speck

Gewürze für 1 kg Masse
28 g Nitritpökelsalz
2 g Puder-/Staubzucker
2 g weißer Pfeffer
1 g weiße Pfefferkörner
0,5 g Knoblauchpulver
0,5 g Kardamom
eventuell Mischgewürz Cervelatwurst
Starterkulturen

Cervelatwurst im Anschnitt Foto: © DSR Rypka

Herstellung
Das Schweinefleisch wird mit der 3-mm-Lochscheibe gewolft. Rindfleisch und Speck werden gefroren verarbeitet. Das Rindfleisch wird auf ca. 0,5 mm gekuttert, die Starterkulturen werden zugegeben.

In Folge werden der Speck und das Schweinefleisch zugegeben. Die Kutterung erfolgt abwechselnd in mehreren Runden, langsam und schnell, bis eine schöne gleichmäßige Feinkörnung erreicht wird. Die Gewürze werden dazwischen dazugegeben, und vor den letzten Kutterrunden wird das Nitritpökelsalz zugesetzt. Die feinkörnige Wurstmasse kann in Kunst- oder Naturdärme mit einem Kaliber zwischen 75–90 mm gefüllt werden. Während der Reifung erfolgt auch eine Räucherung mit Kaltrauch.

Schafrohwurst nach Salamiart

Grundrezept für 10 kg Masse
7 kg Schaffleisch, ausgelöst (Schlögel)
3 kg Speck

Gewürze für 1 kg Masse
wie Ungarische Salami, je nach Geschmack
Piment (Neugewürz)
Rosmarinpulver (0,5 g)
Rotwein

Herstellung
Das Fleisch für diese Salami sollte wegen der Festigkeit und des späteren Schnittbildes der hergestellten Würste unbedingt von älteren Tieren stammen. Es ist von Vorteil, das auf ca. 300 g schwere Stücke geschnittene Schaffleisch ca. 4–5 Tage in einem Pökelgefäß auf einem Rost trocken vorzupökeln. Der anfallende Fleischsaft wird für die Wurstherstellung nicht verwendet.

Das vorgepökelte Schaffleisch wird mit einer 3-mm-Lochscheibe gewolft und mit dem würfelig geschnittenen Speck und den

Gewürzen gemischt. Eine Prise Rosmarin harmoniert gut mit dem Geschmackseindruck dieser Schaffleischspezialität. Um eine bessere Bindigkeit zu erhalten, kann die gesamte Masse noch einmal gewolft werden. Auf eine zwischenzeitliche Kühlung ist zu achten. Sollte die Masse zu trocken sein, kann mit ein paar Spritzern herben Rotweins nachgeholfen werden. Das Salamibrät wird luftfrei in Rindsdärme gefüllt.

Die Reifung erfolgt nach dem langsamen Naturverfahren. Diese Salami sollte zwei- bis dreimal zwischen den einzelnen Reifephasen mit leichtem Buchenholz-Kaltrauch (höchstens 18 °C) 4–5 Stunden lang geräuchert werden.

Rohwurst von Schaf und Ziege

Grundrezept für 10 kg Masse

7 kg Schaf- oder Ziegenfleisch
1 kg Schweinefleisch, mager
2 kg Speck

Gewürze für 1 kg Masse

28 g Nitritpökelsalz
2 g Puder-/Staubzucker
2 g weißer Pfeffer
0,5 g Rosmarin, gemahlen
0,5 g Thymian, gemahlen
ca. 3–5 g Knoblauch, gerieben
Starterkulturen
eventuell Rotwein zur Geschmacksabrundung

Herstellung

Das Schaffleisch wird 3–5 Tage trocken gepökelt. Schaf- und Schweinefleisch werden durch die 4-mm-Lochscheibe des Fleischwolfs gelassen. Der gefrorene Speck wird mit dem Speckschneider fein geschnitten. Bei der Hälfte des Knetvorgangs erfolgt die Rotweingabe (ca. 50 ml). Mit der Knetmaschine wird ca. 10–15 Minuten lang geknetet. Die Füllung der Wurstmasse erfolgt in Naturindärme, Kaliber 55–60. Die Reifung erfolgt mit dem langsamen Naturreifeverfahren. Die Würste werden zwischen den Reifephasen kalt geräuchert.

Wildrohwurst (Hirsch, Reh, Gämse)

Grundrezept für 10 kg Masse

7 kg Wildfleisch, mager
1 kg Schweinefleisch, mager
2 kg Rückenspeck
für die gesamte Masse 4 cl Weinbrand

Gewürze für 1 kg Masse

28 g Nitritpökelsalz
2 g weißer Pfeffer, gemahlen
2 g Puder-/Staubzucker
2 g Piment (Neugewürz)
1 g Kümmel, gemahlen
Wacholder
eventuell Wildgewürzmischung
eventuell Rotwein zur Geschmacksabrundung

Foto: © Landwirt-Media/Paul Loibner

Cabanossi, Hauswürstel, Salami vom Schaf

Foto: © Steirische Wildspezialitäten Strohmeier, Neumarkt

Wildrohwurst, Hirsch grob

Herstellung

Vor der Zerkleinerung können die Fleischsorten in kleineren Stücken trocken gepökelt werden. Das Rindfleisch wird mit der 4-mm-Lochscheibe des Fleischwolfs zerkleinert, das Schweinefleisch mit der 6-mm-Lochscheibe.
Zur besseren Bindigkeit kann dem Rindfleischbrät vor der Vermischung mit dem Schweinefleisch ca. 50 ml Rotwein zugegeben werden. Zur Erreichung einer kompakteren Bindung sollte die fertige Brätmasse vor dem Füllen 5–8 Stunden bei Kühlraumtemperaturen rasten, sie wird anschließend nicht mehr geknetet. Die Wildrohwurst wird in Naturindärme abgefüllt.

Die Reifung kann wie bei der Ungarischen Salami erfolgen. Die leichte Kalträucherung mit Buchenholzspänen, denen Wacholderzweige und -beeren beigefügt werden, verleiht der Wildrohwurst ihren typischen Geschmack.

Želodec (Slowenien, Südsteiermark)

Grundrezept für 10 kg Masse

7 kg Schweinefleisch, mager
(Schulter, Schlegel etc.)
3 kg Schweinefleisch, fett,
auch fettere Abschnitte der Schulter

Gewürze für 1 kg Masse

22 g Nitritpökelsalz
1 g Puder-/Staubzucker
1 g Kümmel, gehackt
1 g schwarzer Pfeffer
1 g weißer Pfeffer
frischer Knoblauch oder Knoblauchgranulat
nach Geschmack (ca. 1 g)

Herstellung

Das gekühlte, magere Schweinefleisch wird mit der Grobscheibe des Fleischwolfes faschiert, das fette Schweinefleisch mit der Hand in dünne, längliche Streifen geschnitten. Nach dem Salzen in einem sauberen Behältnis wird die Masse 24 Stunden in einem kühlen Raum (max. 12 °C) durchrötet. Danach wird die Masse mit den übrigen Gewürzen durchmischt und geknetet, bis eine gute Bindung erzielt wird.
Die fertige Wurstmasse wird in einen Rinderdickdarm (Pimerling) nicht zu dicht gefüllt und dieser anschließend auf beiden Seiten zugenäht. Die Želodec wird anschließend für 2–3 Tage auf einer sauberen Oberfläche mit einem sauberen Schneidbrett aus Kunststoff leicht beschwert. Damit sie die richtige Form erhält, muss die Želodec täglich gewendet werden. Anschließend erfolgt eine Kalträucherung für einen Tag.

Nach dem Räuchern erfolgt über ca. 3 Wochen das Pressen der Želodec wiederum mit einem sauberen Schneidbrett aus Kunststoff und einem Pressgewicht von ca. 10 kg in einem Raum mit max. 6 °C. Dabei müssen ständig der Reife- und Pressverlauf kontrolliert werden.

Nach dem Pressen erfolgt noch eine zusätzliche Reifung der Želodec, je nach Größe ca. 3–4 Monate. Die Želodec ist eine Spezialität aus dem Sanntal in Slowenien.

Foto: © Hasewends Kirchenwirt, Eibiswald

Slowenische Želodec (Rohwurst in Pimerling)

Hauswürstel nach Großmutters Art

Grundrezept für 10 kg Masse

7,5 kg Schweinefleisch, mager (Schulter, Schlegel etc.)
2,5 kg Speck, auch fettere Abschnitte der Schulter

Gewürze für 1 kg Masse

12 g Kochsalz
10 g Nitritpökelsalz
1 g Puder-/Staubzucker
1 g Pfeffer
1 g Piment (Neugewürz)
eventuell Reifekulturen
Cognac/Weinbrand zum Abschmecken
frischer Knoblauch oder Knoblauchgranulat nach Geschmack (ca. 1 g)

Herstellung

Das magere Schweinefleisch wird zum Wolfen in große Stücke geschnitten und entsprechend der Grundrezeptur für einen Tag mit Nitritpökelsalz eingesalzen. Der Speck bzw. auch fettere Abschnitte von Schulter oder Schlegel werden ebenso für einen Tag eingesalzen.

Die Hälfte des Schweinefleisches wird, gut gekühlt, durch die feine, die andere durch die große Lochscheibe gewolft. Der gut gekühlte Speck wird mit einem scharfen Messer in kleine Würfel geschnitten. Die Masse wird mit den Gewürzen abgeknetet und sofort in Natursaitlinge gefüllt.

Bei der Füllung der Würste können diese während des Füllvorgangs mit einer sauberen Nadel angestochen werden, damit die Luft entweichen kann und keine Hohlräume entstehen. Die Hauswürste werden in 12–15 cm lange Paare abgedreht. Die Umrötung der Würste erfolgt für 1–2 Tage bei maximal 12 °C, danach wird schonend kalt geräuchert. Die Reifungszeit nach der Kalträucherung beträgt ca. 14 Tage bei 12–16 °C.

Hauswürstel Sulmtaler Art

Grundrezept für 10 kg Masse

2 kg Schweinefleisch, mager (Schulter, Schlegel etc.)
3 kg Rindfleisch Klasse II
3 kg Schweinebauch, nicht zu fett
2 kg Speck

Gewürze für 1 kg Masse

22 g Kochsalz
3 g Puder-/Staubzucker
2 g Pfeffer
1 g Kümmel
0,5 g Kardamom
eventuell Reifekulturen
Rotwein zum Abschmecken
frischer Knoblauch, Knoblauchwasser oder Knoblauchgranulat nach Geschmack (ca. 1 g)

Herstellung

Das Fleisch wird gut gekühlt mit der 6–8-mm-Lochscheibe gewolft. Der Speck wird über Nacht im Tiefkühlfach angefroren und im angefrorenen Zustand mit einem scharfen Messer in kleine Würfel geschnitten.

Die Fleischmasse wird mit den Gewürzen abgeknetet, erst danach wird der Speck zugegeben, dann wird weitergeknetet. Der Vorgang sollte rasch erfolgen, wobei die Temperatur der Masse 2 °C nicht überschreiten sollte. Zu langes Kneten, vor allem in einer Knetmaschine, kann die Bindigkeit des Eiweißes beeinträchtigen. Die fertige Masse wird in Natursaitlinge gefüllt und auf eine Größe von ca. 130 g abgedreht.

Vor der Kalträucherung (ein Tag, maximal 24 °C) erfolgt eine Reifung der Würste für zwei Tage auf einer hygienisch sauberen Auflage oder auf Stangen bei max. 12 °C. Die Reifungszeit nach der Kalträucherung beträgt ca. 14 Tage.

Kärntner Hauswürstel, roh

Grundrezept für 10 kg Masse

4,5 kg Schweinefleisch, mager (Schulter, Schlegel etc.)
2,5 kg Rindfleisch Klasse II
3 kg Speck, gemischt, auch fettere Abschnitte der Schulter

Gewürze für 1 kg Masse

28 g Nitritpökelsalz
1 g Puder-/Staubzucker
2 g Pfeffer
eventuell Reifekulturen
frischer Knoblauch oder Knoblauchgranulat nach Geschmack (ca. 2 g)

Herstellung

Wie Herstellung der Hauswürstel nach Sulmtaler Art.

Jägerwürstel, traditionell

Grundrezept für 10 kg Masse

4 kg Schweinefleisch, mager (Schulter, Schlegel etc.)
3 kg Rindfleisch Klasse II
3 kg Speck, gemischt

Gewürze für 1 kg Masse

28 g Nitritpökelsalz
2 g weißer Pfeffer
2 g Puder-/Staubzucker
0,5 g Paprika

Herstellung

Das Fleisch wird durch eine 2-mm-Lochscheibe gewolft, der Speck durch eine 3-mm-Lochscheibe. Auf eine entsprechende Kühlung ist unbedingt zu achten. Nach der Vermischung der Masse mit den übrigen Zutaten wird diese in engkalibrige Schweinesaitlinge gefüllt und auf eine Größe von ca. 80 g abgedreht, so dass sich eine zusammenhängende Kette bildet. Die Würste werden auf einer sauberen, glatten Oberfläche eng nebeneinander aufgelegt und mit einem Kunststoffbrett, auf das ein Gewicht von 10 kg gestellt wurde, für zwei Tage beschwert. Nach einer zusätzlichen Abtrocknungszeit von einem Tag werden die Würste im Kaltrauch geräuchert. Die Reifung erfolgt nach der langsamen Methode.

Cacciatori

Grundrezept

4 kg Schweinebauch, durchwachsen
5 kg Rindfleisch Klasse II

Gewürze für 1 kg Masse

28 g Nitritpökelsalz
2 g Puder-/Staubzucker
Cacciatori-Gewürzmischung nach Angabe des Herstellers

Herstellung

Das Rindfleisch wird durch eine 3-mm-Lochscheibe gewolft, der durchgefrorene Speck mit der Hand auf ca. 3 mm geschnitten. Auf eine entsprechende Kühlung ist unbedingt zu achten. Die Grundmasse kann mit dem Kutter auf 2 mm zerkleinert oder gleich mit der Hand mit den übrigen Zutaten bindig geknetet werden.

Kärntner Hauswürstel Foto: © DSR Rypka

Cacciatori Foto: © DSR Rypka

Nach der Vermischung der Masse mit den übrigen Zutaten wird diese in weite Schweinesaitlinge gefüllt und auf eine Größe von ca. 100 g abgedreht, so dass sich eine zusammenhängende Kette bildet. Es erfolgt eine mittlere Reifung ohne Räucherung.

Wildboxerln

Grundrezept für 10 kg Masse

8 kg Wildfleisch
(Reh, Gams, Hirsch, auch gemischt)
2 kg Speck, fest

Gewürze für 1 kg Masse

22 g Nitritpökelsalz
2 g Puder-/Staubzucker
2 g weißer Pfeffer, gemahlen
0,5 g Piment

frischer Knoblauch, Knoblauchwasser oder Knoblauchgranulat nach Geschmack (ca. 1 g)
eventuell Reifekulturen
Rotwein zum Abschmecken

Herstellung

Das Fleisch wird gut gekühlt und ca. 3–5 Tage vorgepökelt und mit der 4-mm-Lochscheibe gewolft. Der Speck wird über Nacht im Tiefkühlfach angefroren und im angefrorenen Zustand mit einem scharfen Messer bzw. der Speckschneidemaschine in kleine Würfel geschnitten.

Die Fleischmasse wird mit den Gewürzen abgeknetet, erst danach wird der Speck zugegeben und weitergeknetet. Der Vorgang sollte rasch erfolgen, wobei die Temperatur der Masse 2 °C nicht überschreiten sollte. Zu langes Kneten, vor allem in einer Knetmaschine, kann die Bindigkeit des Eiweißes beeinträchtigen. Bei der Hälfte des Knetvorgangs kann ca. 50 ml herber Rotwein zugefügt werden. Die fertige Masse wird in Natursaitlinge gefüllt und auf ca. 130 g abgedreht.

Vor der Kalträucherung (ein Tag, maximal 24 °C) erfolgt eine Reifung der Würste für zwei Tage auf einer hygienisch sauberen Auflage oder auf Stangen bei max. 12 °C. Die Reifungszeit nach der Kalträucherung beträgt ca. 14 Tage.

Foto: © shutterstock.com/jessicahyde

Würste aufgehängt zum Reifen

Kaminwurzen

Grundrezept für 10 kg Masse
7 kg Rindfleisch, mager
3 kg Speck, fest

Gewürze für 1 kg Masse
22 g Nitritpökelsalz
2 g Puder-/Staubzucker
2 g weißer Pfeffer, gemahlen
frischer Knoblauch, Knoblauchwasser oder Knoblauchgranulat nach Geschmack (ca. 3 g)
eventuell Reifekulturen
Rotwein zum Abschmecken

Herstellung
wie Wildboxerln. Kaminwurzen können sowohl mit Rind- als auch mit Schweinefleisch als Grundmasse hergestellt werden. Abtrocknung ca. 30 %.

Knoblauchwürstel

Grundrezept für 10 kg Masse
3 kg Rindfleisch, mager
5 kg Schweinefleisch, mager
2 kg Speck

Gewürze für 1 kg Masse
28 g Nitritpökelsalz
2 g Puder-/Staubzucker
2 g weißer Pfeffer, gemahlen
eine Zehe Knoblauch, gerieben
eventuell Reifekulturen
Rotwein zum Abschmecken

Herstellung
Das magere Rindfleisch wird durch eine 2-mm-Lochscheibe gewolft, das Schweinefleisch durch eine 3-mm-Lochscheibe. Der gefrorene Speck wird im Speckschneider auf kleine Erbsengröße geschnitten und mit den Gewürzen und sonstigen Zutaten zügig abgemischt. Gefüllt werden die Knoblauchwürstel in Schweinesaitlinge. Die Reifung der Knoblauchwürstel kann wie bei den Sulmtaler Würsteln erfolgen. Abtrocknung ca. 15 %.

Paprikawürstel, scharf (Paprikaboxerln)

Grundrezept
7,5 kg Schweinefleisch, mager
3 kg Speck, fest

Gewürze für 1 kg Masse
22 g Nitritpökelsalz
2 g Puder-/Staubzucker
2 g weißer Pfeffer, gemahlen
6 g Paprika, scharf
frischer Knoblauch, Knoblauchwasser oder Knoblauchgranulat nach Geschmack (ca. 1 g)
eventuell Reifekulturen
Rotwein zum Abschmecken

Herstellung
wie Wildboxerln

Mettwurst, fein

Grundrezept
6 kg Schweinefleisch, mager
4 kg Schweinefleisch, fett
3 kg Speck

Gewürze für 1 kg Masse
28 g Nitritpökelsalz
2 g Puder-/Staubzucker
2 g weißer Pfeffer, gemahlen
0,5 g Macisblüte
0,5 g Rosenpaprika
Starterkulturen
eventuell fertige Mischgewürze Mettwurst

Herstellung
Die Mettwurst ist eine typische, sehr bekannte deutsche Spezialität (z. B. Braunschweiger Mettwurst). Für die Herstellung gelten dieselben Bedingungen wie für die

Produktion von Teewürsten. Das Rohmaterial sollte für die Verarbeitung gut durchgekühlt, aber nicht gefroren sein. Im fetten Ausgangsmaterial dürfen keine Drüsen mitverarbeitet werden. Besonders ist auf eine gute Kühlung, auch in den Verarbeitungsräumen, zu achten. Vorsichtshalber sollte man die fertige Wurstmasse vor dem Füllen noch einmal gut durchkühlen lassen. Bei der Füllung darf eine Temperatur von 8 °C nicht überschritten werden.

Die Teewurstmasse wird in Kunst- oder Naturdärme bis zu einem Kaliber von ca. 45 mm gefüllt und bei 18–20 °C für die Dauer von 4–5 Tagen bei einer abfallenden relativen Luftfeuchtigkeit von ca. 90 auf 80 % gereift und im Anschluss 24 Stunden kalt geräuchert.

Mettwurst mit Rindfleisch

Grundrezept für 10 kg Masse

4 kg Schweinefleisch, mager
4 kg Schweinefleisch, fett
2 kg Rindfleisch

Gewürze für 1 kg Masse

28 g Nitritpökelsalz
2 g Puder-/Staubzucker
2 g weißer Pfeffer, gemahlen
0,5 g Macisblüte
0,5 g Rosenpaprika
Starterkulturen
eventuell fertige Mischgewürze Mettwurst

Herstellung

Herstellung und Reifung wie feine Mettwurst. Im ersten Schritt wird das gut gekühlte Rindfleisch durch die 2-mm-Lochscheibe gewolft, mit dem Schweinefleisch vermischt und noch einmal durch die 2-mm-Lochscheibe gelassen. Im Anschluss folgt die Beigabe der übrigen Zutaten. Es muss zügig gearbeitet werden, weil die Masse nicht matschig werden darf.

Mettwurst, fein Foto: © DSR Rypka

Teewurst, fein

Grundrezept für 10 kg Masse

5 kg Schweinefleisch, mager
2 kg Rindfleisch
3 kg Speck

Gewürze für 1 kg Masse

28 g Nitritpökelsalz
2 g Puder-/Staubzucker
2 g weißer Pfeffer
0,5 g Piment
0,5 g Paprika
1/4 g Kardamom
Jamaika-Rum
Starterkulturen
eventuell fertige Mischgewürze Teewurst

Herstellung

Die Teewurst ist eine streichfähige Rohwurst und zeichnet sich als Halbdauerware durch einen sehr pikanten Geschmack aus. Die Teewurst kann in einer groben und einer feinen Qualität, abhängig von der Zerkleinerung, hergestellt werden. Es darf nur hygienisch einwandfreies Fleisch, am besten von älteren Tieren, verwendet werden, und auch die Kühlung muss sehr genau eingehalten werden. Aufgrund der feinen Zerkleinerung und der damit einhergehenden größeren Oberfläche der Masse (mehr Fleischsaft tritt aus) sind bei der Herstellung von streichfähigen Rohwürsten die hygienischen Maßnahmen äußerst genau einzuhalten. Es ist auch auf sehr gut schneidende Werkzeuge zu achten, damit jedes Quetschen und Schmieren des Rohmaterials vermieden wird.

Das Fleisch wird zügig durch die 3-mm-Lochscheibe gewolft. Der in kleine Stücke geschnittene Speck wird mit den Gewürzen und übrigen Zutaten mit dem feingewolften Fleisch vermischt und zwischendurch noch einmal gekühlt. Die fertige Masse wird noch einmal durch den Fleischwolf gelassen, um die streichfähige Feinheit zu erreichen. Hier wäre ein Kutter von Vorteil.

Die Teewurstmasse wird in Kunst- oder Naturdärme bis zu einem Kaliber von ca. 45 mm gefüllt und bei 18–20 °C für die Dauer von fünf Tagen bei einer abfallenden relativen Luftfeuchtigkeit von 86 auf 80 % gereift und zwischendurch kalt geräuchert. Als Smokmaterial sollte reines Buchenholz verwendet werden, dem Wacholderbeeren zugesetzt wurden. Die Farbe der fertigen Teewurst sollte außen rotbraun und im Anschnitt lachsrot sein.

Teewurst, grob

Grundrezept für 10 kg Masse

wie Teewurst, fein

Gewürze für 1 kg Masse

wie Teewurst, fein

Herstellung

Die Zusammensetzung der groben Teewurst ist die gleiche wie bei der feinen, außer dass bei der groben Teewurst nur das Schweinefleisch durch die 3-mm-Lochscheibe gewolft wird, alle übrigen Zutaten werden durch die 6-mm-Lochscheibe gewolft.

Die Räucherung dieser Würste für 2–3 Tage darf nur nach vollständiger Umrötung der Würste bei höchstens 20 °C erfolgen. Die Zugabe von Wacholderbeeren zum Buchenholz-Smokmaterial ergibt den besonders würzigen Geschmack.

Haus- und Schinkenwurst Foto: © Wagner

Brüh- und Bratwürste

Hauswurst

Grundrezept

4,5 kg Schweinefleisch
2,5 kg Rückenspeck
2,5 kg Rindfleisch II
ca. 750 g Eis oder Eiswasser

Gewürze für 1 kg Masse

22 g Nitritpökelsalz
2 g Pfeffer
5 g Phosphat/kg Rindfleisch (Bindemittel)
1,5 g Ascorbat
frischer Knoblauch oder Knoblauchgranulat nach Geschmack (ca. 1 g)
5 g Gewürzmischung nach Geschmack

Herstellung

Das Schweinefleisch wird ca. 1–2 Tage in kleineren Stücken vorgepökelt. Auch der grob gewürfelte Speck wird eingesalzen (ca. 20 g/kg Speck).

Das Rindfleisch wird vor dem Kuttern durch die 3-mm-Lochscheibe des Fleischwolfs gedreht und mit dem Eis, dem Phosphat und dem Nitritpökelsalz bis zur Erreichung der Bindigkeit gekuttert.

Nach der Zugabe aller übrigen Zutaten und nach dem Vermischen wird die Masse durch die 4-mm-Lochscheibe des Fleischwolfs gedreht und danach gut durchgeknetet.

Nach luftdichtem Füllen der Masse in Faserdärme (Kaliber 55–70) werden die Würste nach dem Abtrocknen einige Stunden warm bei ca. 40 °C geräuchert. Das Brühen der Würste erfolgt in einem Kessel bei maximal 78 °C für ca. 90 Minuten. Es darf dabei kein Fett austreten, bzw. darf die Temperatur nicht zu hoch sein.

Nach dem Abkühlen können die Würste noch einmal kurz geräuchert werden, damit die Haltbarkeit gegeben ist.

Schinkenwurst

Grundrezept für 10 kg Masse

2 kg Schweinefleisch vom Schlegel
5 kg Rindfleisch
3 kg Speck

Gewürze für 1 kg Masse

25 g Nitritpökelsalz
5 g Phosphat (Bindemittel)
2 g weißer Pfeffer, gemahlen
0,5 g Nelkenpulver
1 g Muskat
etwas Kardamom

Herstellung

Die Schinkenwurst wird zu den so genannten Fleischwürsten gezählt und hat ihren Namen vom Anschnitt, an dem man die Musterung der Fleischwürfel sehen sollte. Das Rindfleisch wird zu bindigem Brät verarbeitet, das Schweinefleisch und der Speck werden in Würfel geschnitten und vorgepökelt. Die gesamte Masse wird vermischt, mit der groben Lochscheibe gewolft und in dicke Rinds- oder Naturindärme gefüllt. Nach einer warmen Räucherung (40 °C) werden die Würste gebrüht und können im Anschluss daran noch einmal kalt geräuchert werden.

Käsewurst

Grundrezept

3 kg Rindfleisch, mager
3 kg Schweinefleisch
3 kg Speck
1 kg Emmentaler, kleinwürfelig geschnitte
ca. 1,2 Liter eiskaltes Wasser

Gewürze für 1 kg Masse

25 g Nitritpökelsalz
2 g Pfeffer
5 g Phosphat (Bindemittel)
frischer Knoblauch oder Knoblauchgranulat nach Geschmack (ca. 1 g)

Herstellung

Aus dem Rindfleisch wird ein bindiges Brät hergestellt. Die Herstellung erfolgt entweder im Kutter oder kann auch, mit Qualitätseinbußen, mit dem Fleischwolf erfolgen. Dazu wird das Rindfleisch mit der 3-mm-Lochscheibe zerkleinert, mit dem Nitritpökelsalz und dem Bindemittel vermischt und unter Zugabe des Eiswassers geknetet, bis eine gute Bindung entsteht. Das Schweinefleisch und der Speck werden kleingewürfelt durch die 8-mm-Lochscheibe gedreht und mit dem fertigen Brät und den geschnittenen Käsestücken gut vermischt, aber nicht mehr geknetet.

Die fertige Masse wird in Natur- oder Faserdärme gefüllt und nach dem Abtrocknen (zwölf Stunden, 20 °C) warm geräuchert. Das Brühen der Würste erfolgt im Kessel bei 72 °C für ca. 70 Minuten, je nach Kaliber. Fett und Käse dürfen nicht ausrinnen.

Kochsalami

Grundrezept

7,5 kg Schweinefleisch
2,5 kg Speck, auch fettere Abschnitte der Schulter
0,5 kg Rinderbrät (vom Fleischhauer oder selbst im Kutter hergestellt)

Gewürze für 1 kg Masse

25 g Nitritpökelsalz
2 g Puder-/Staubzucker
2 g Pfeffer
5 g Phosphat
Rum zum Abschmecken
frischer Knoblauch oder Knoblauchgranulat nach Geschmack (ca. 1 g)

Herstellung

Das Rinderbrät kann beim Fleischhauer bestellt oder aber auch in einem Küchenkutter hergestellt werden. Kleine Rindfleischstücke werden dabei mit 2,8 g Nitritpökelsalz drei Tage vorgepökelt. Vor der Kutterung wird die Masse durch den Fleischwolf gedreht und anschließend mit ca. 50 % Eiswasser- oder Eisschüttung gekuttert. Das Eiswasser bzw. Eis kann selbst im Tiefkühlfach als Eiswürfel hergestellt werden. Das Wasser bzw. Eis muss vollständig in die Brätmasse eingekuttert werden, bis ein spiegelndes Brät entsteht.

Das Schweinefleisch und der Speck werden mit einer 6–8-mm-Lochscheibe gewolft. Nachdem alle Zutaten unter das Fleisch und den Speck gemischt worden sind, wird die Masse bis zur Bindigkeit geknetet.

Nach luftdichtem Füllen der Masse in Natur- oder Cellophandärme (Kaliber 55–60) werden die Würste für ca. fünf Stunden warm bei ca. 40 °C geräuchert.

Das Brühen der Würste erfolgt in einem Kessel bei maximal 78 °C für ca. 90 Minuten. Es darf dabei kein Fett austreten, bzw. darf die Temperatur nicht zu hoch sein. Nach dem Abkühlen können die Würste noch einmal kurz geräuchert werden, damit die Haltbarkeit gegeben ist.

Bratwurst

Grundrezept

7 kg Schweinefleisch
2 kg Speck
1 l Wasser bzw. 1 kg Eis

Gewürze für 1 kg Masse

20 g Nitritpökelsalz oder Salz
2 g weißer Pfeffer, gemahlen
5 g Phosphat
frischer Knoblauch oder Knoblauchgranulat nach Geschmack (ca. 1 g)
Muskatnuss, Ingwer nach Geschmack (je ca. 1 g) oder Mischgewürz für Bratwürste

Herstellung

Zur Bereitung von Bratwurst können Ausschnitte, die beim Zerlegen des Schweins und Zurichten von Teilstücken anfallen, verwendet werden. Die Bratwurst kann sowohl mit rotem (Nitritpökelsalz) als auch mit weißem Brät (Kochsalz) hergestellt werden. Wenn kein Kutter zur Verfügung steht, kann die Hälfte des Fleisches durch die 3-mm-Lochscheibe gedreht werden. Die andere Hälfte und der Speck werden durch die 5-mm-Lochscheibe gedreht. Das Wasser und alle anderen Zutaten müssen dann gut in die Masse eingearbeitet werden.

Die fertige Bratwurstmasse wird in Schweinesaitlinge gefüllt und in diesen bei 75 °C gebrüht. Bratwürste können auch roh direkt zur Verwendung kommen, müssen aber spätestens am Tag nach der Herstellung weiterverarbeitet werden.

Foto: © Wagner

Füllen von Bratwürsten

Leberkäse

Grundrezept

800 g Rinderleber, frisch
(auch Schweineleber möglich)
5 kg Rinderbrät (siehe Herstellungshinweise beim Rezept Kochsalami, Seite 117)
3 kg Schweinespeck oder fettere Abschnitte von Schulter etc.
1 kg Schweinekopffleisch

Foto: © DSR Rypka

Leberkäse in Scheiben geschnitten

Gewürze für 1 kg Masse

20 g Nitritpökelsalz oder Kochsalz
2 g weißer Pfeffer, gemahlen
0,5 g Ingwer
0,5 g Muskatnuss
10 g Zwiebel, frisch

Herstellung

Die frische Leber wird mit den ungebrühten Zwiebeln durch die 2-mm-Lochscheibe des Fleischwolfs gedreht und mit dem gut ausgekutterten Rinderbrät im Kutter gemischt, bis die Masse Blasen zieht. Das Rinderbrät kann aber auch bei einer Fleischhauerei bestellt werden, von Hand aus mit der gewolften Leber gut durchmischt und noch einmal durch die feinste Lochscheibe des Fleischwolfs gedreht werden. Die eigene Herstellung des Bräts ohne Kutter ist auch mit dem Fleischwolf, allerdings mit Qualitätseinbußen, möglich.

Der Schweinespeck bzw. die fetteren Abschnitte werden durch die 3-mm-Lochscheibe gedreht. Das abgekochte Schweinefleisch wird nach dem Erkalten durch die feinste Lochscheibe des Fleischwolfs gedreht. Die Zutaten werden gut durchmischt (am besten im Kutter) und in befettete längliche Backformen gefüllt, die mit Schweineschmalz ausgestrichen wurden. Am besten eignen sich kleine Stahlwannen, es können aber auch Haushalts-Backformen in Kastenform verwendet werden.

Der Leberkäse wird ca. 2–3 Stunden im Backofen gebraten. Mit einer Holznadel kann der Backzustand geprüft werden: Bleiben beim Einstechen keine rohen Fleischteile mehr an der Holznadel haften, ist der Endgarzustand erreicht. Die Oberfläche des Leberkäses hat eine schöne braune Farbe und kleine Risse. Leberkäse schmeckt in ganz frischem Zustand, also noch warm, am besten.

Variation: Fleischkäse

Diese Rezeptur kann auch ohne Leberzusatz hergestellt werden.

Erdäpfelwurst (Kartoffelwurst)

Grundrezept

3 kg Kartoffeln/Erdäpfel
1 kg Faschiertes von Schwein und Rind, gemischt
2 große Zwiebeln
1 EL Schweineschmalz
Knoblauch nach Geschmack (2–3 Zehen)
250 g Hamburger Speck
ca. 20 g Salz
Bratwurstgewürz

Herstellung

Die Kartoffeln/Erdäpfel werden geschält und mit der Küchenmaschine geschabt. Die geschabten Kartoffeln/Erdäpfel werden mit einem Esslöffel Salz versetzt und durchgeknetet. Die Zwiebeln werden geschnitten und mit dem in kleine Würfel geschnittenen Hamburger Speck im Schweineschmalz leicht angeröstet. Die Kartoffeln/Erdäpfel werden von Hand ausgedrückt, so dass der Kartoffel-/Erdäpfelsaft gut austropfen kann. Danach werden diese in die Pfanne mit den Zwiebeln und dem Speck gegeben.

Nach einer leichten Anröstung wird die Pfanne mit dem Deckel verschlossen und das Ganze für ca. zwölf Minuten gedünstet. Bevor die Kartoffeln/Erdäpfel ganz weich kochen, wird das gemischte Faschierte mit den restlichen Zutaten dazugegeben.

Die Wurstmasse wird in Schweinsdünndärme gefüllt und für ca. 15 Minuten bei 75 °C gebrüht. Erdäpfelwürste sind gebraten in Kombination mit Sauerkraut eine Spezialität und schmecken ausgezeichnet. Die Würste können problemlos eingefroren werden, sollten dann aber nochmals für ca. zehn Minuten gebrüht werden.

Kürbisbratwurst

Dieses Rezept stammt von der Höheren Bundeslehranstalt für Tourismus in Retz.

Grundrezept

1,2 kg Kürbismus, tiefgekühlt
(900 g gelber Zentner oder anderer Speisekürbis, in 300 ml Wasser und Salz gekocht und püriert)

Foto: © Claudia Plattner

Erdäpfelwurst

0,4 kg Kürbiskerne, gehackt
0,8 kg Hokkaidokürbis, klein gewürfelt
3,5 kg Kalbfleisch
2,0 kg Speck
0,75 kg Kalbskopf mit Haut

Gewürze für 1 kg Masse
20 g Salz
2,5 g weißer Pfeffer, gemahlen
0,5 g Macisblüte
0,5 g Ingwer
10 g Petersilienkraut
20 g Zwiebel
Zitronenschale nach Geschmack

Herstellung
Das Brät (faschiertes Kalbfleisch) in den Kutter geben und so lange kuttern, bis es bindig ist. Danach das gefrorene Kürbismus beigeben und weiter kuttern bis das Püree aufgenommen wurde. Anschließend die Masse aus dem Kutter geben. Der gewolfte Speck wird nun gekuttert, und das Brät wird mit den Händen nach und nach beigegeben.

Den Kalbskopf mit Zwiebel und Petersilienkraut durch die 4-mm-Lochscheibe wolfen und zum Schluss mit den restlichen Gewürzen und dem Brät kuttern. Diese Masse wird in Schafsaitlinge gefüllt und abgedreht. Die Brühtemperatur wird von 65 °C auf 74 °C rasch gesteigert und ca. 10 Minuten gehalten. Nach dem Abkühlen sind diese Kürbisbratwürste zur Weiterverarbeitung fertig.

Kürbisbratwurst
Foto: © Bundeslehranstalt für Tourismus, Retz

Geflügelbrühwurst (Huhn oder Pute)

Grundrezept
4 kg Hühner- oder Putenfleisch, mager für die Brätherstellung
3 kg Schweinefleisch
3 kg Speck
ca. 1,2 Liter Wasser, eiskalt

Gewürze für 1 kg Masse
23 g Nitritpökelsalz
5 g Phosphat (Bindemittel)
frischer Knoblauch oder Knoblauchgranulat nach Geschmack (ca. 1 g)

Herstellung
Die Herstellung der Geflügelbrühwurst erfolgt im Prinzip wie die der Käsewurst. Das Räuchern der Geflügelwürste sollte noch schonender durchgeführt werden.

Blutwurst

Blutwürste sind traditionelle Spezialitäten, deren Rezepturen regional sehr unterschiedlich sein können. Blutwürste können auch ohne Zerealien, wie Reis, Rollgerste, Hirse etc., hergestellt werden, wie z. B. die Thüringer Blutwurst.

Wichtig für die Herstellung einer einwandfreien Blutwurst ist die Verwendung eines möglichst schlachtfrischen Blutes. Hier ist auf besondere Hygiene zu achten, da Blut ein ausgezeichneter Nährboden für Mikroorganismen ist.

Frisches Blut wird vor der Verarbeitung noch einmal durch ein feines Sieb geseiht. Blutwürste können als Bratblutwürste Verwendung finden, aber auch nach dem Brühen und Erkalten in Kaltrauch geräuchert werden.

Grundrezept
3 kg Schweinekopffleisch, gekocht
1 kg Innereien, gebrüht (Herz, Leber, Lunge)
2 kg Schwarten, gekocht und
1 kg Speckwürfel
1,5 kg Schweineblut

Gewürze für 1 kg Masse
20 g Kochsalz
20 g Zwiebel, geröstet
2–3 g schwarzer Pfeffer, gemahlen
Majoran, Thymian, Piment, Nelken
Knoblauch nach Geschmack
(insgesamt ca. 1 g)
oder fertige Gewürzmischung für Blutwurst

0,5 kg Brötchen-/Semmelwürfel oder Zerealien (Reis, Hirse, Rollgerste,) gekocht
ca. 1 Liter Brühe (Schweinskopfsuppe), heiß

Herstellung
Das Blut muss gleich nach der Gewinnung mit Kochsalz versetzt und mit einem Schneebesen gerührt werden, damit es nicht gerinnt. Es kann auch ein Antigerinnungsmittel zugesetzt werden. Durch das Rühren wird Sauerstoff in das Blut gebracht, und es behält seine schöne rote Farbe (Sauerstoffsättigung des Hämoglobins). Wird Blut nicht sofort verarbeitet, muss es möglichst schnell auf unter 4 °C gekühlt werden.

Das Schweinskopffleisch, die Schwarten und Innereien werden ca. 1–2 Stunden gekocht, bis die Schwarten weich sind. Knochen, Knorpel etc. müssen nach dem Kochen leicht entfernt werden können. Der Speck wird von Hand oder mit einem Speckschneider feinwürfelig geschnitten und kurz im Wasser mit 90 °C abgebrüht. Dadurch schmilzt die Außenschicht, und das Blut kann den Speck nicht färben. Die gewürfelten Brötchen/Semmeln werden in der Kesselbrühe aufgeweicht. Bei Verwendung von Zerealien sollten diese nicht zu stark zerkocht werden, sondern noch bissfest sein. Das gekochte Kopffleisch und die Innereien werden mit der 6-mm-Lochscheibe des Fleischwolfs gemahlen, die heißen Schwarten mit der 4-mm-Lochscheibe.
Die gesamte Masse wird mit den Gewürzen gut abgerührt und traditionell in Schweinkrausdärme (Blunzen) gefüllt. Diese werden gut abgebunden und bei mindestens 80 °C für ca. 45–60 Minuten gebrüht, so dass eine Kerntemperatur von 75 °C erreicht wird. Nach dem Brühvorgang werden die Blutwürste für ca. 20 Minuten in kaltes Wasser gelegt.

Finis gebackener Bluttommerl

Diese steirische Spezialität stammt aus dem Kochbuch meiner Mutter und wird traditionell als erste herzhafte Jause am Schlachttag mit Bauernbrot und Apfelmost verabreicht.

Zutaten
750 ml Milch
200 ml Blut, frisch und geseiht
3 Eier
6–7 EL Mehl, griffig
1 EL Schweineschmalz
Salz, Pfeffer, Majoran, Thymian und Kümmel, gemahlen, nach Geschmack

Blutwurst Foto: © Alexander Stiegler/Lexpix

Herstellung

Die geschnittenen Zwiebeln werden in einer großen Auflaufform (steirisch „Rein") mit dem Schweineschmalz angeröstet. Das Mehl wird mit einem Teil der Milch zu einer dünnflüssigen Masse verrührt. Die Eier werden aufgeschlagen, die Eigelbe/Dotter vom Eiweiß getrennt. Das Eiweiß wird zu einem festen Eiklar aufgeschlagen.

Alle Zutaten, bis auf das Eiklar, werden gemischt, und das Eiklar wird in die Bluttommerlmasse eingehoben. Der Tommerl wird im vorgeheizten Backofen bei 200 °C für ca. 15 Minuten gebacken und im Anschluss daran sofort serviert.

Hirsewurst (Breinwurst)

Die Breinwurst wird auch als Bauernweißwurst bezeichnet, da bei dieser Kochwurst kein Blut verwendet wird.

Grundrezept für 5 kg Masse

3 kg Schweinekopffleisch, gekocht
1 kg Schwarten, gekocht
1 kg Hirse

Gewürze für 1 kg Masse

20 g Kochsalz
1 kleine Zwiebel, fein gehackt und geröstet
2 g weißer Pfeffer, gemahlen Basilikum, Thymian und Piment nach Geschmack (insgesamt ca. 1 g)

Breinwurst Foto: © Günter Hauer

Herstellung

Das Schweinekopffleisch und die Schwarten werden wie bei der Herstellung von Blutwurst behandelt und mit der an- aber nicht ganz weich gekochten Hirse und den Gewürzen vermischt, in Dickdärme gefüllt und wie die Blutwurst gebrüht.

Der Brein (Hirse) kann auch durch Reis ersetzt werden. Diese Spezialität wird traditionell in der Pfanne gebraten und mit Apfelkren gereicht.

Geräucherte Leberwurst

Grundrezept

3 kg Schweineleber
3 kg Zwiebel
6 kg Bauch, durchwachsen

Gewürze für 1 kg Masse

22 g Nitritpökelsalz
4 g Gewürzmischung nach Geschmack (weißer Pfeffer, Thymian, Majoran,Piment etc.) oder Fertiggewürz (enthält meistens auch Emulgatoren)

Herstellung

Die Zwiebeln werden geschnitten und in Schweineschmalz leicht geröstet. Dabei dürfen sie nicht zuviel Farbe annehmen, um bittere Geschmacksnoten zu vermeiden.

Das Fleisch wird in Stücke geschnitten und im Kessel bei ca. 85 °C für 30 Minuten gebrüht. Die Leber wird ebenso kurz überbrüht und mit den Zwiebeln durch die feine Lochscheibe des Fleischwolfs gedreht; auch Kuttern ist möglich. Das Fleisch wird durch die 8-mm-Lochscheibe gedreht.

Die gesamte Masse wird mit den Gewürzen gut durchmischt, in Naturdärme gefüllt und bei 78 °C gebrüht. Die Kerntemperatur von 72 °C sollte unbedingt erreicht werden. Wichtig ist auch eine langsame Abkühlung der Würste.

Nach dem Abtrocknen werden die Leberwürste in 1–2 Intervallen kalt geräuchert.

Haussülze

Die Haussülze ist eine beliebte und schmackhafte Spezialität aus der Steiermark, die mit Apfelessig, steirischem Kürbiskernöl und frischen Zwiebeln angerichtet wird.

Grundrezept

4 kg Schweinekopffleisch, gekocht
2 kg Schwarten, gekocht
0,5 kg Möhren/Karotten (auch anderes Gemüse, z. B. Erbsen)
3 Liter Fleischschwartensuppe, entfettet

Gewürze für 1 kg Masse

20 g Kochsalz
20 g Zwiebel, roh
3 g schwarze Pfefferkörner, ganz
Suppengrün/Wurzelwerk

Herstellung

Die Schweinsköpfe können sowohl gepökelt als auch ungepökelt zur Verarbeitung gelangen. Die Schweinsköpfe und die Schwarten werden bei 80 °C gebrüht, bis sich das Fleisch von den Knochen löst. Zu langes Kochen senkt die Gelierfähigkeit der Sulzmasse. Ein Schuss Essig erhöht die Gelierfähigkeit.

Das schwimmende Fett wird abgeschöpft, die Fleisch- und Schwartenstücke mehrmals mit heißem und mit kaltem Wasser gespült, damit eine klare Sülze erzielt wird. Das Kopffleisch und die Schwarten werden in mittelgroße Würfel geschnitten (2–3 cm), die gedünsteten Möhren/Karotten in Scheiben. Alle Zutaten werden in heißem Zustand in Sturzformen oder in eine große Schüssel geschüttet und nach dem Erkalten auf Anrichteteller oder -platten gestürzt.

Die Sülze muss bei 4 °C gelagert werden und ist zum alsbaldigen Verbrauch bestimmt.

Presswurst

Grundrezept

5 kg Schweinekopffleisch, gekocht
2 kg Stelzen, gekocht
1 kg Schwarten, gekocht
2,5 Liter Fleischschwartensuppe (Kesselbrühe), entfettet

Gewürze für 1 kg Masse

20 g Kochsalz
10 g Zwiebel, roh und fein gehackt
3 g schwarze Pfefferkörner, gemahlen
1 g Presswurstgewürz (Mischung Piment, Majoran, Knoblauch)
150 g Trockenaspik
etwas Essig

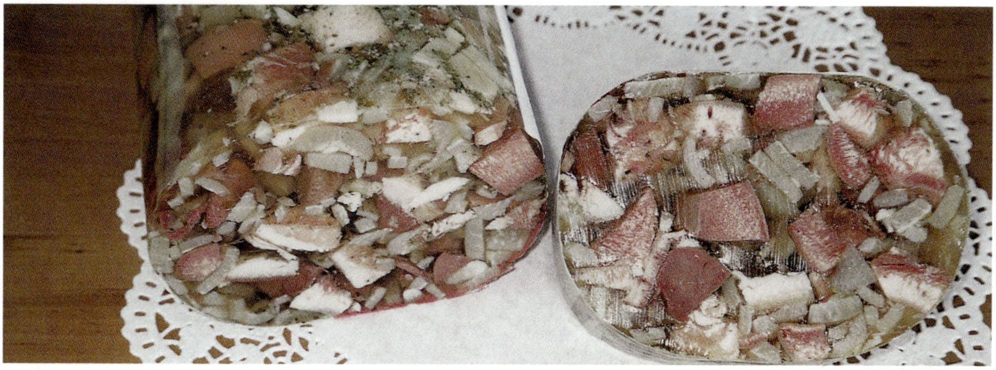

Presswurst (Presssack) Foto: © Wagner

Herstellung

Die Zutaten werden wie beim Haussulz vorbereitet. Das Kopffleisch und die Stelzen werden in mittelgroße Würfel geschnitten (2 cm), die gekochten Schwarten mit der 4-mm-Lochscheibe gemahlen. Die Schwarten und das geschnittene Fleisch müssen vor der Weiterverarbeitung mit heißem Wasser abgespült werden. Alle Zutaten werden gemischt, in Sterildärme gefüllt und bei 75 °C für ca. 1,5 Stunden gebrüht. Nach dem Brühen werden die Presswürste für 30 Minuten in kaltes Wasser gelegt und anschließend bei 4 °C gelagert.

Leberstreichwurst, fein

Grundrezept für 10 kg Masse

3 kg Schweineleber
3 kg Schweinefleisch, mager
4 kg Speck bzw. fettere Abschnitte vom Schwein

Gewürze für 1 kg Masse

20 g Nitritpökelsalz
20 g Zwiebel, geröstet
4 g Gewürzmischung nach Geschmack (weißer Pfeffer, Thymian, Majoran, Piment, Macis etc.) oder Fertiggewürz (enthält meistens auch Emulgatoren)

Herstellung

Die Leber wird im rohen Zustand fein gekuttert bzw. durch die feine Lochscheibe des Fleischwolfs gedreht und anschließend mit dem Salz vermischt und wieder kühl gestellt.

Die mageren und fetten Schweinefleisch- bzw. Speckzutaten werden bei 85 °C gebrüht und noch warm gekuttert oder durch die feine Lochscheibe des Fleischwolfs gedreht. Die fein zerkleinerte Leber muss zur warmen Fleischmasse gemischt werden. Dabei sollte die Temperatur der Masse nicht unter 37 °C sinken. Bei diesen Temperaturen kann sich eine stabile Emulsion bilden, und die Bildung eines späteren Fettrandes wird verhindert.

Die Leberwurstmasse wird in hitzebeständige Kunstdärme gefüllt, für ca. 30 Minuten in 60 °C warmes Kesselwasser gelegt und erst anschließend auf 78 °C aufgeheizt und gebrüht. Durch das Einlegen bei niedrigeren Temperaturen kann die Umrötung der Streichwurst erfolgen. Die Kerntemperatur von 72 °C sollte erreicht werden. Die Würste werden langsam abgekühlt.

Von dieser Rezeptur gibt es viele Varianten in der Zutatenliste, vor allem aber kann statt des mageren Schweinefleischs auch Schweinekopffleisch verwendet werden. Auch Schwarten und andere Innereien, wie Milz und Herz, finden sich bis zu einer Menge von 1 kg in den verschiedenen Rezepturen.

Leberstreichwurst

ANHANG

ÜBERSICHT ÜBER DIE GESETZLICHEN GRUNDLAGEN

Professionelle Verarbeiter und Vermarkter von Fleisch- und Wurstspezialitäten wenden sich bezüglich der aktuellen gesetzlichen Lage an die zuständigen Behörden Ihres Landes. Alle nachstehend angeführten gesetzlichen Bestimmungen sind „in der gültigen Fassung" zu lesen.

Verordnungen der EU
VO 178/2002: Lebensmittelsicherheit („Verordnung (EG) Nr. 178/2002, vom 28. Jänner 2002 zur Festlegung der allgemeinen Grundsätze und Anforderungen des Lebensmittelrechts, zur Errichtung der Europäischen Behörde für Lebensmittelsicherheit und zur Festlegung von Verfahren zur Lebensmittelsicherheit")

VO 852/2004: allgemeine Hygiene („Verordnung (EG) Nr. 852/2004, vom 29. April 2004 über Lebensmittelhygiene")

VO 853/2004: tierische Hygiene („Verordnung (EG) Nr. 853/2004, vom 29. April 2004 mit spezifischen Hygienevorschriften für Lebensmittel tierischen Ursprungs")

VO 854/2004: Kontrolle tierischer Lebensmittel („Verordnung (EG) Nr. 854/2004 vom 29. April 2004 mit besonderen Verfahrensvorschriften für die amtliche Überwachung vom zum menschlichen Verzehr bestimmten Erzeugnissen tierischen Ursprungs")

VO 882/2004: amtliche Kontrolle („Verordnung (EG) Nr. 882/2004:, vom 30. April 2004 über amtliche Kontrollen zur Überprüfung der Einhaltung des Lebensmittel- und Futtermittelrechts sowie der Bestimmungen über Tiergesundheit und Tierschutz")

VO 2073/2005: mikrobiologische Kriterien („Verordnung (EG) Nr. 2073/2005, vom 15. November 2005 über mikrobiologischen Kriterien für Lebensmittel")

VO 2074/2005: Durchführungsvorschriften zum Hygienepaket („Verordnung (EG) Nr. 2074/2005 Durchführungsvorschriften zum Hygienepaket,

VO 2075/2005: Untersuchung auf Trichinen („Verordnung (EG) Nr. 2075/2005 vom 5. Dezember 2005, mit spezifischen Vorschriften für die amtlichen Untersuchungen auf Trichinen")

VO 2076/2005: Übergangsbestimmungen zum Hygienepaket („Verordnung (EG) Nr. 2076/2005 vom 5. Dezember 2005, zur Festlegung von Übergangsregelungen für die Durchführung der Verordnungen (EG) 853/2004, 854/2004, 882/2004 sowie zur

Änderung der Verordnungen 853/2004 und 854/2004")

Guidance-Dokumente zu den Verordnungen 852/2004, VO 853/2004 und zur Umsetzung von HACCP."

Das österreichische Lebensmittelrecht

Lebensmittelsicherheits- und Verbraucherschutzgesetz (LMSVG), BGBl. I Nr. 13/2006 vom 20.01.2006

Durchführungsverordnungen zum österreichischen Lebensmittelrecht

Eintragungs- und Zulassungsverordnung („BGBl. II Nr. 93/2006 Verordnung über die Eintragung und Zulassung von Betrieben von Lebensmittelunternehmern")

Lebensmittel-Einzelhandelsverordnung („BGBl. II Nr. 92. Verordnung über Lebensmittelhygieneanforderungen

an Einzelhandelsunternehmen - Lebensmittel-Einzelhandelsverordnung")

Lebensmittel-Direktvermarktungsverordnung („BGBl. II Nr. 108. Verordnung über die Direktvermarktung von Lebensmitteln")

Lebensmittelhygiene-Anpassungsverordnung („BGBl. II Nr. 91. Verordnung über die Anpassung bestimmter Lebensmittelhygienevorschriften")

Schlachttier- und Fleischuntersuchungsverordnung („BGBl. II Nr. 109/2006 Verordnung der Bundesministerin für Gesundheit und Frauen über die Schlachttier- und Fleischuntersuchung sowie die Untersuchung von Fischereierzeugnissen (Fleischuntersuchungsverordnung 2006 – FlUVO")

Leitlinie

Leitlinie für eine gute Hygienepraxis und die Anwendung der Grundsätze des haccp bei der Schlachtung und Zerlegung von Rindern, Schweinen, Schafen, Ziegen und Pferden sowie bei der Herstellung von Fleischerzeugnissen (Gutachten des ständigen Hygieneausschusses veröffentlicht mit Erlass: BMGFJ-75220/0030-IV/B/7/2007 v. 6. 8. 2007).

Wichtige Internetadressen
für das österreichische Lebensmittelrecht: **http://www.ris.bka.gv.at/**
für das EU- und internationale Recht: **http://europa.eu.int/eur-lex/lex/**
für die Leitlinie für Schlacht-, Zerlege- und Herstellungsbetriebe: **http://www.bmgf.gv.at**
für den Lebensmittelcodex: **http://www.lebensmittelbuch.at**
für das deutsche Bundes- und Landesrecht: **https://www.gesetze-im-internet.de/**
für die Schweiz: **https://www.fedlex.admin.ch**

HYGIENEANFORDERUNGEN

Der Umgang mit Fleisch und die Verarbeitung von Fleisch zu Fleischprodukten verlangen ein grundlegendes Wissen über Hygiene sowie das Kennen möglicher Gefahren für die Gesundheit bei nicht sachgemäßer Herstellung. Auch wenn Sie nur zu Hause und privat für ihre Familie Fleischprodukte herstellen und die Rezepte aus diesem Buch probieren möchten, informieren Sie sich vorher über die Grundlagen einer guten Hygienepraxis. Nachstehend finden Sie einen Auszug mit wichtigen Punkten zu diesem Thema aus dem Österreichischen Lebensmittelbuch, IV. Auflage, betreffend Hygiene angeführt:

- Leitlinie für eine gute Hygienepraxis und die Anwendung der Grundsätze des HAC-

CP bei der Schlachtung und Zerlegung von Rindern, Schweinen, Schafen, Ziegen und Einhufern sowie bei der Herstellung von Fleischerzeugnissen

- Leitlinie für eine gute Hygienepraxis und die Anwendung der Grundsätze des HACCP bei der Schlachtung und Zerlegung von Geflügel

1. WASSER

Wasser, das direkt (als Zutat) oder indirekt (z. B. zur Reinigung von Oberflächen) mit Lebensmitteln in Berührung kommt, muss Trinkwasser laut Trinkwasserverordnung sein.

Wasser von einem öffentlichen Wasserversorger gilt automatisch als Trinkwasser und muss nicht untersucht werden. Wasser, das nicht aus einer öffentlichen Trinkwasserversorgungsanlage stammt (z. B. Hausbrunnen), ist laut Trinkwasserverordnung untersuchen zu lassen.

Innerhalb des Betriebes muss die Trinkwassereigenschaft aufrecht erhalten bleiben. Ein relevantes Hygienerisiko für Trinkwasser innerhalb eines Lebensmittelbetriebes kann entstehen, wenn es längere Zeit bei Raumtemperatur innerhalb des Leitungssystems stehen bleibt; dadurch können sich Mikroorganismen vermehren. Abhilfemaßnahme: vor Arbeitsbeginn den Wasserhahn aufdrehen, um das stehende Wasser auszuspülen.

2. SCHÄDLINGSBEKÄMPFUNG

Schädlinge und Haustiere sind am Eindringen in die Betriebsräume zu hindern. Erstellen Sie einen Lageplan (Skizze) für Fallen und Köder für den Innen- und Außenbereich Ihres Betriebes und tragen Sie die Häufigkeit der Kontrollen ein.

Prüfen Sie, ob für jedes verwendete Schädlingsbekämpfungsmittel folgende Informationen vorliegen: Sicherheitsdatenblatt, Gebrauchsanweisung, Aufstellungshinweise.

Schädlingsbekämpfungsmittel müssen sicher ausgebracht werden, d. h. eine Verschleppung und in der Folge eine Kontamination von Lebensmitteln muss verhindert sein.

3. REINIGUNG UND DESINFEKTION

Im Schlachtraum und den im Produktionsprozess nachfolgenden Räumen dürfen nur Reinigungs- und Desinfektionsmittel verwendet werden, die für den Lebensmittelbereich geeignet sind (Herstellerangaben). Prüfen Sie, ob für jedes verwendete Reinigungs- und Desinfektionsmittel folgende Informationen vorliegen:

- Sicherheitsdatenblatt
- Gebrauchsanweisung (Konzentration, Temperatur, Einwirkzeit).

Nach der Anwendung chemischer Reinigungs- oder Desinfektionsmittel (ausgenommen z. B. auf Alkoholbasis) muss unbedingt gründlich mit Trinkwasser nachgespült werden!

Arbeitsflächen sollen vor Arbeitsbeginn abgetrocknet sein.

Vor der Schlachtung/Zerlegung/Herstellung sind insbesondere folgende, für die Hygiene wichtige Punkte optisch zu überprüfen:

- die Wassertemperatur im Sterilbecken (Anhaltspunkt für Schlachtung: Dampfentwicklung bedeutet ausreichend Temperatur, andernfalls Kontrolle mit einem Thermometer);
- die Sauberkeit der Schneidewerkzeuge (Messer, Sägen, Zangen und Maschinen);
- die Sauberkeit der Fleischhaken, Zerlegetische und Behältnisse;
- das Vorhandensein von Seife, Einweghandtüchern und WC-Papier;
- der einwandfreie Zustand der Maschinen (Beschädigungen, Absplitterungen).

4. RAUMTEMPERATUREN

a. Rinder, Schweine, Schafe, Ziegen und Einhufer

Im Zerlegeraum ist eine Raumtemperatur von höchstens +12 °C vorgeschrieben; dies ist nicht erforderlich, wenn auf andere Weise eine Kerntemperatur von +7 °C bei Fleisch bzw. +3 °C bei Nebenprodukten sichergestellt ist.

Im Kühlraum muss ebenfalls eine Kerntemperatur des Fleisches von +7 °C bzw. der Nebenprodukte zum menschlichen Genuss von +3 °C gewährleistet sein.

Als „tiefgekühlt" gelten nur jene Lebensmittel, die als „tiefgefroren", „Tiefkühlkost", „tiefgekühlt" bzw. „gefrostet" bezeichnet sind. Solche Lebensmittel sind so schnell wie möglich auf max. −18 °C zu bringen und bei −18 °C oder einer tieferen Temperatur zu halten. Ausnahme: Kurzfristiger Temperatur-Anstieg bis −15 °C beim Versand, örtlichen Vertrieb oder in den Tiefkühltruhen des Einzelhandels. Sobald Fleisch zum Tiefkühlen bestimmt ist, muss es ohne ungerechtfertigte Verzögerung eingefroren werden, wobei vor dem Gefrieren erforderlichenfalls eine gewisse Reifungszeit zu berücksichtigen ist. Als „gefroren" gilt Fleisch, das auf −12 °C oder darunter abgekühlt wurde.

b. Geflügel

Nach der Fleischuntersuchung und dem Ausnehmen müssen die Schlachtkörper so schnell wie möglich auf eine Temperatur von nicht mehr als +4 °C abgekühlt werden, es sei denn, das Geflügelfleisch wird in warmem Zustand zerlegt. Eine Abkühlung auf nicht mehr als +4 °C ist nicht notwendig, wenn sich der Zerlegungsraum am gleichen Ort wie die Schlachtanlage befindet, vorausgesetzt, das Geflügelfleisch wird in den Zerlegungsraum entweder auf direktem Weg von der Schlachtanlage oder zunächst in einen Kühlraum oder in ein Kühlhaus verbracht.

Sofern die oben genannten Voraussetzungen nicht vorliegen, wird beim Zerlegen, Entbeinen, Zurichten, Zerschneiden, Umhüllen und Verpacken die Temperatur des Geflügelfleisches auf höchstens +4 °C gehalten, entweder mittels einer Raumtemperatur von +12 °C oder eines alternativen Systems gleicher Wirkung.

Nach abgeschlossener Zerlegung und gegebenenfalls Verpackung muss das Geflügelfleisch jedenfalls auf höchstens +4 °C abgekühlt und gelagert werden.

Frisches Geflügelfleisch und Fleischerzeugnisse dürfen nur abgetrennt voneinander im Kühlraum gelagert werden, es sei denn, dass das frische Geflügelfleisch oder die Fleischerzeugnisse durch eine Umhüllung oder Verpackung (kein Karton) geschützt sind.

Sobald Geflügelfleisch zum Tiefkühlen bestimmt ist, muss es ohne ungerechtfertigte Verzögerung eingefroren werden, wobei vor dem Gefrieren erforderlichenfalls eine gewisse Reifungszeit zu berücksichtigen ist. Als „gefroren" gilt Geflügelfleisch, das auf −12 °C oder darunter abgekühlt wurde.

GRUNDSÄTZE DER ARBEITSHYGIENE bei der Herstellung von Fleischerzeugnissen
1. Direkter oder indirekter Kontakt zwischen Frischfleisch und Fleischerzeugnissen ist zu vermeiden.

2. Besonderes Augenmerk ist auf den Umgang mit Fleischerzeugnissen nach einem kritischen Steuerpunkt zu legen, insbesondere beim Aufschneiden und Verpacken (Gefahr der Rekontamination).
3. Kontaminationen durch Witterungseinflüsse, Bodenkontakt, Schädlingsbekämpfungsmittel, Reinigungs- und Desinfektionsmittel sowie durch Abfälle sind zu vermeiden.

4. Das Umhüllungs- und Verpackungsmaterial muss für den Kontakt mit Lebensmitteln geeignet sein. Gegebenenfalls Konformitätsbescheinigungen für Lebensmittelkontaktmaterialien einholen.

GRUNDSÄTZE DER PERSONALHYGIENE
1. Die Arbeitskleidung besteht sowohl für Frauen als auch Männer aus Hose, ein den Oberkörper inklusive Achsel bedeckendes Kleidungsstück (z. B. Mantel, Jacke, T-Shirt), Schuhen und einer Kopfbedeckung, die das Haupthaar umhüllt.

Die Arbeitskleidung muss am Beginn des Arbeitstages sauber und trocken sein (keine sichtbaren Verschmutzungen). Arbeitskleidung darf mit Straßenkleidung nicht in Berührung kommen.

2. Während des Schlachtens (bis zur Fleischuntersuchung) ist über der Arbeitskleidung eine Plastikschürze oder dergleichen zu tragen.
3. Uhren und Schmuck an Armen und Händen, sowie Ohrclips und -stecker sind verboten.

4. Die Hände sind
- vor Arbeitsbeginn
- nach jeder Pause
- nach jedem WC-Besuch
- bei Bedarf (siehe Arbeitskleidung)

zu reinigen und desinfizieren.

5. Essen, Trinken und Rauchen ist verboten. Frischfleisch darf nicht angeniest oder angehustet werden.

6. Fingernägel müssen sauber und kurz geschnitten sein. Lackierte oder falsche Fingernägel sind verboten.

7. Die Leitlinie zur Sicherung der gesundheitlichen Anforderungen an Personen beim Umgang mit Lebensmitteln ist einzuhalten.

TABELLENVERZEICHNIS

ABBILDUNGSVERZEICHNIS

LITERATURVERZEICHNIS

BERGER, et al.: Das Fleischerbuch. Bohmann Verlag, Wien 1991

BINDER, E.: Räuchern. Fleisch, Wurst, Fisch. Verlag Eugen Ulmer, Stuttgart 1995

BRANSCHEID, et al.: Qualität von Fleisch und Fleischwaren. Deutscher Fachverlag, Frankfurt/Main 1998

BUNDESANSTALT FÜR FLEISCHFORSCHUNG KULMBACH: Kulmbacher Reihe
Band 4: Technologie der Brühwurst
Band 5: Mikrobiologie und Qualität von Rohwurst und Rohschinken
Band 8: Technologie der Kochwurst und Kochpökelware

DANNER, H. und STOLL, H.: Bäuerliche Hausschlachtung. Österreichischer Agrarverlag, Klosterneuburg 1998

FELDKAMP, H.: Räuchern und Pökeln. Die traditionelle Konservierung von Fisch, Fleisch und Wurst neu entdeckt. W. Ludwig Buchverlag, München 1999

FLADNITZER, I.: Das Fleisch und die Fleischdauerwaren. Leopold Stocker Verlag, Graz – Stuttgart 1992

FRANK, N.: Schinken. Matthaes Verlag, Stuttgart 1996

KNEPPER, H.: Leitfaden der Fleisch- und Wurstwarenherstellung. Verlag Carl Gerber, München 1991

MOSER, G.: Speck – Köstliche Gerichte. Edition Löwenzahn, Innsbruck 1996

SCHMIDT, K.-F.: Schinken und andere Delikatessen. Parey Buchverlag, Berlin 1999

WAGNER, F. S.: Qualitätsverbesserung bäuerlicher Räucherwaren. Ergebnisse des von der Projektmanagementstelle „Integrierte ländliche Entwicklung“ durchgeführten Qualifizierungsprojekts. Graz 1998

WAHL, W.: Ausgezeichnete deutsche Wurstrezepte. Holzmann Buchverlag, Bad Wörishofen 1995

ZEDLER, W.: Großes vollständiges Universallexikon aller Wissenschaften und Künste. Unveränderter Nachdruck der Ausgabe Leipzig und Halle 1732–1750. Akademische Druck- und Verlagsanstalt, Graz 1961–1964

DANKSAGUNG

Für die freundliche Bereitstellung von Rezepten und für vielfältige fachliche Unterstützung danke ich:

- Georg Moser, Brixlegg
- Georg Fastl, Landw. Fachschule Silberberg, Leibnitz
- HBLA für Tourismus, Retz
- Josefine Wagner, St. Ulrich a. W.
- Otto Konrad, Lieboch
- Alois Monschein, Maggau
- Renate Prettner, Deutschlandsberg

BARBECUE point's
WORLD OF BARBECUE©
... Ihre Räucherspezialisten!
Bradley SMOKER
taste the great outdoors
Let it Smoke !
Riesenauswahl - Fachberatung
Lieferung frei Haus
Räuchershop direkt unter
www.raeucher-shop.at
Barbecue point's BBQ Planet Wien-Süd
Mega-Grillshop mit 500m2
Marktstraße 9 | 2331 Vösendorf
Telefon: +43-664-202 58 80
Smoker & Räucher
Workshops
Barbecue point's GRILLSTORE Wien-Nord
Grillshop, Grillarena & Grillschule
Bahnstraße 36 | 2201 Gerasdorf bei Wien
Telefon: +43-664 24 24 135
www.barbecue-point.at

LACKNER
KÄLTE | KLIMA | TECHNIK
KLIMA REIFESCHRÄNKE
KRA-Gen-3-K, M, G
Erhältlich in drei Größen und
unterschiedlichen Ausführungen.
MEHR
INFOS
UNTER
www.kkt-lackner.at
NEU
DRITTE GENERATION
Florian Grögerstrasse 1 | 9020 Klagenfurt | Tel: +43 463 59 00 33 | office@kkt-lackner.at

Aus unserem Programm

ISBN 978-3-7020-1806-1

ISBN 978-3-7020-1781-1

ISBN 978-3-7020-1484-1

ISBN 978-3-7020-1553-4

Leopold Stocker Verlag

Graz – Stuttgart

www.stocker-verlag.com